MANUALE DI CONVERSAZIONE
CON PRONUNCIA

TASCABILI

D1319673

I VIAGGI DI GULLIVER

CONVERSATION PHRASE-BOOK
WITH PRONUNCIATION

ITALIAN

a cura di
Maura Vecchietti
Jane Johnson

I VIAGGI DI GULLIVER

Realizzazione editoriale:
ART di Manieri M. & C. s.a.s., Bologna

Prima edizione: aprile 1993
Seconda edizione: febbraio 1995

ISBN 88-86224-54-0

CONTENTS

Espressioni di uso quotidiano
[*espressee'yoni di 'oozoh kwotidi'yanoh*]

GREETINGS
Saluti [*sa'looti*]

good afternoon	buongiorno [*bwon'jornoh*]
goodbye	arrivederci [*arreeved'ehrchi*]
good evening	buonasera [*bwona'seyrah*]
good morning	buongiorno [*bwon'jornoh*]
good night	buonanotte [*bwona'notteh*]
hallo/bye-bye	ciao [*chow*]
see you later	a risentirci [*arreesen'teerchi*]
see you soon	a presto [*a 'prestoh*]
see you tonight	a stasera [*a sta'seyrah*]
see you tomorrow	a domani [*a do'mahni*]
welcome	benvenuto [*benven'ootoh*]
welcome to Italy	benvenuto in Italia [*benven'ootoh in it'alyah*]

INTRODUCTION, MEETING PEOPLE AND COMMON PHRASES
Presentazioni, konvenevoli e frasi quotidiane
[*prezentatsee'yoni, konven'ehvoli eh 'frahzi kwotidi'yaneh*]

How do you do?	Piacere [*peeya'chehreh*]
What is your name?	Come si chiama/ti chiami? ['*komeh see keey'amah/tee keey'amee?*]
I'm pleased to meet you	Felice di conoscerla/ti [*fe'leecheh di kon'osherla/tee*]

1

My name is ...	Mi chiamo ... [*mi keey'amo ...*]
I'd like to introduce dr ...	Le presento il dottor ... [*leh presen'toh eel dott'oreh ...*]
This is Mr ...	Questo è il signor ... [*'kwestoh eh eel seen'yor ...*]
This is Mrs/Miss ...	Questa è la signora/signorina ... [*'kwestah eh lah seen'yorah/seenyor'eenah ...*]
Do you speak English?	Parla inglese? [*'parlah ing'leyzeh?*]
I speak a bit of Italian	Parlo solo un po' di italiano [*'parloh 'sohloh oon poh di ital'yahnoh*]
I've studied Italian at school	Ho studiato l'italiano a scuola [*oh stoodi'ahtoh lital'yahrnoh a 'skwolah*]
Excuse me	Permesso [*per'messoh*]
Wait a moment, please	Aspetti un momento [*as'petti oon mo'mentoh*]
Where is ...?	Dove si trova ...? [*'doveh si 'trohvah ...?*]
Where do you live?	Dove abita/abiti? [*'doveh 'ahbitah/'ahbiti?*]
How do you say ... in Italian?	Come si dice in italiano ...? [*'komeh si 'deecheh in ital'yahnoh ...?*]
How do you pronounce this word?	Come si pronuncia questa parola? [*komeh si pro'nooncha 'kwestah par'ohlah?*]
How are you?	Come sta/stai? [*'komeh stah/staiy?*]

Well, thank you, and you?	Bene, grazie, e lei? [*'beneh, 'gratzeeyeh, eh leh?*]
Well, thank you, and you?	Bene, grazie, e tu? [*'beneh 'gratzeeyeh eh too?*]
Good, well	Bene [*'beneh*]
Very good	Benissimo [*be'nisseemoh*]
So, so	Così, così [*koz'ee koz'ee*]
Bad	Male [*'mahleh*]
No, thank you	No, grazie [*noh 'gratzeeyeh*]
No, I don't need it	No, non mi serve [*noh non mi 'serveh*]
I don't understand	Non capisco [*non ka'piskoh*]
I don't know	Non lo so [*non loh soh*]
I don't like it	Non mi piace [*non mi peey'ahcheh*]
Can I help you?	Posso esserle/ti utile? [*'possoh 'esserleh/tee 'ootileh?*]
Can you help me?	Può/puoi aiutarmi? [*pwoh/pwohee ayoo'tahrmi?*]
May I phone?	Posso telefonare? [*'possoh telehfo'nahreh?*]
Can I park here?	Posso parcheggiare qui? [*'possoh parkeh'jahreh kwee?*]
Could you repeat it, please?	Può ripetere per favore? [*pwoh ri'pehtere peyr fa'voreh?*]

Could you speak more slowly, please?	Può parlare più lentamente, per favore? [*pwoh par'lareh pew lenta'menteh peyr fa'voreh?*]
Could you do me a favour?	Può farmi una cortesia? [*pwoh 'fahrmi 'oonah korteh'zeeyah?*]
Could you tell me the way to go to ...?	Può indicarmi la strada per andare a ...? [*pwoh indee'kahrmi la 'strahda peyr an'dahreh a ...?*]
Could you tell me where is the closest chemist / petrol station / supermarket?	Può indicarmi la farmacia / il distributore / il supermercato più vicino? [*pwoh indee'kahrmi la farma'cheeya / eel distriboo'toreh / eel soopehrmeyr'kahtoh pew vi'cheenoh?*]
Can I wait here?	Posso aspettare qui? [*'possoh aspe'tahreh kwee?*]
Can you write me the address?	Può scrivermi l'indirizzo? [*pwoh 'screevehrmi lindi'ritzoh?*]
May I offer you a coffee?	Posso offrirti un caffè? [*'possoh off'reerti oon kaff'eh?*]
Can I come with you?	Posso accompagnarti? [*'posso akkompanee'yahrti?*]
May I call you tomorrow?	Posso telefonarti domani? [*'possoh telehfo'nahrti doh'mahni?*]
Can we meet again?	Possiamo rivederci? [*possee'ahmoh rive'dehrchi?*]
Yes	Sì [*si*]
Yes, of course	Sì, certo [*si 'chertoh*]

All right	Va bene/d'accordo [*vah 'beneh/da'kordoh*]
Certainly	Certo [*'chertoh*]
With pleasure	Con piacere [*kon peeya'chereh*]
Gladly	Volentieri [*volontee'yeri*]
When did you arrive?	Quando è arrivato/sei arrivato? [*'kwandoh eh arri'vahtoh/'scheee arri'vahto?*]
When are you leaving?	Quando parte/parti? [*'kwandoh 'parteh/'partee?*]
When does it open?	Quando apre? [*'kwandoh 'apreh?*]
When does it close?	Quando chiude? [*'kwandoh kee'yoodeh?*]
When do we see each other?	Quando ci vediamo? [*'kwandoh chee vedi'ahmoh?*]
How old are you?	Quanti anni hai? [*'kwantee 'anni aiy?*]
How much (does it cost)?	Quanto costa? [*'kwantoh 'kostah?*]
How long does it take?	Quanto tempo ci vuole? [*'kwantoh 'tempoh chee 'vwoleh?*]
How long is it going to last?	Quanto dura? [*'kwantoh 'doorah?*]
How long are you staying here for?	Quanto ti fermi? [*'kwantoh ti 'feyrmi?*]
You're kind	Sei gentile [*sey jen'teeleh*]
You're nice	Sei simpatico [*sey sim'pateekoh*]

5

You're unkind	Sei antipatico [*sey anti'pateekoh*]
I'm sorry	Scusi/scusa [*'skoozi/"skoozah*]
I'm sorry to bother you	Scusi del disturbo [*'skoozi del dis'toorboh*]
Sorry, I'm late	Scusi del ritardo [*'skoozi del ri'tahrdoh*]
Sorry, but I'm in a hurry	Scusi, ma ho fretta [*'skoozi, ma oh 'frettah*]
Sorry, but I must leave	Scusi, ma devo andare [*'skoozi, ma 'dehvoh an'dahreh*]
Sorry, but they're waiting for me	Scusi, ma mi stanno aspettando [*'skoozi, ma mi 'stannoh aspett'andoh*]
I'm hungry	Ho fame [*oh 'fahmeh*]
I'm thirsty	Ho sete [*oh 'sehteh*]
I'm sleepy	Ho sonno [*oh 'sonnoh*]
I'm cold	Ho freddo [*oh 'freddoh*]
I'm hot	Ho caldo [*oh 'kaldoh*]
I'm in a hurry	Ho fretta [*oh 'frettah*]

JOBS AND PROFESSIONS
Professioni [*professee'yoni*]

actor	attore [*a'toreh*]
architect	architetto [*arki'tettoh*]
barrister, lawyer	avvocato [*avoh'kahtoh*]
carpenter	falegname [*falen'yahmeh*]

clerk	impiegato [*impeeyay'gahtoh*]
consultant	consulente [*konsoo'lenteh*]
dentist	dentista [*dent'eestah*]
director	regista [*re'jeestah*]
doctor	medico [*'meydikoh*]
electrician	elettricista [*elettri'chistah*]
engineer	ingegnere [*injenee'ehreh*]
farmer	contadino [*konta'deenoh*]
graphic artist	grafico [*'grafikoh*]
hairdresser	parrucchiere [*parookee'yehreh*]
house maid	domestica [*do'mestikah*]
impresario	impresario [*impreh'zahreeoh*]
insurance agent	assicuratore [*assikoora'toreh*]
journalist	giornalista [*jorna'leestah*]
land-surveyor	geometra [*ji'omeytrah*]
mason	muratore [*moora'toreh*]
notary	notaio [*noh'taiyoh*]
nurse	infermiere [*infermi'ehreh*]
photographer	fotografo [*foh'tografoh*]
plumber	idraulico [*ee'draowlikoh*]
policeman	poliziotto [*politzee'ottoh*]
secretary	segretaria [*segre'tahreeah*]
soldier	militare [*milee'tahreh*]
tailor	sarto [*'sartoh*]
teacher	insegnante [*insen'yanteh*]
worker	operaio [*opeyr'aiyoh*]
writer	scrittore [*skree'toreh*]

THANKS
Ringraziamenti [*ringratseeya'menti*]

thanks	grazie [*'gratzeeyeh*]
thanks a lot	grazie mille [*'gratzeeyeh 'meeleh*]
it's very kind of you	molto gentile da parte sua [*'moltoh jen'teeleh da 'parteh 'sooah*]
I'll be grateful	gliene sarei grato [*li'ayneh sa'reh 'grahtoh*]
please	per favore [*peyr fa'voreh*]
please	prego [*'prehgoh*]

GREETINGS, CONGRATULATIONS, CONDOLENCES
Auguri, congratulazioni, condoglianze
[*ow'goori congratoolatsee'yoni condolyee'antseh*]

condolences	condoglianze [*kondolyee'antsey*]
congratulations	congratulazioni [*kongratoolatsee'yoni*]
good listening	buon ascolto [*bwon as'koltoh*]
good wedding anniversary	buon anniversario di matrimonio [*bwon annivehr'sahreeyo di matri'moneeyoh*]
happy birthday	buon compleanno [*bwon kompleh'annoh*]
happy Easter	buona Pasqua [*'bwona 'paskwah*]
happy new year	buon anno [*bwon 'annoh*]

have a nice evening	buona serata [_'bwona seh'rahtah_]
have a nice holiday	buone vacanze [_'bwoneh va'kantsey_]
have a nice journey	buon viaggio [_bwon vee'adjoh_]
have a nice show	buona visione [_'bwona vizi'ohneh_]
have a nice stay here	buona permanenza [_'bwona pehrman'entzah_]
have a nice time	buon divertimento [_bwon divehrti'mentoh_]
merry Christmas	buon Natale [_bwon na'tahleh_]
to your health!	alla salute! [_'allah sa'looteh!_]

HOLIDAYS AND ANNIVERSARIES
Feste e ricorrenze [_'festeh eh rikorr'entseh_]

All Saints' day	Ognissanti [_onyee'santi_]
anniversary	anniversario [_annivehr'sahreeyoh_]
Ascension day	Ascensione [_ashensee'oneh_]
August holiday	Ferragosto [_ferra'gostoh_]
birthday	compleanno [_kompleh'annoh_]
Boxing day	Santo Stefano [_'sahntoh' stefahnoh_]
Carnival	Carnevale [_karneh'vahleh_]
Christmas	Natale [_na'tahleh_]
Christmas' eve	Vigilia di Natale [_vee'jeelyah di na'tahleh_]
Easter	Pasqua [_'paskwah_]
Epiphany	Epifania [_epifah'neeyah_]
nameday	onomastico [_onoh'mastikoh_]

9

New Year's Day	Capodanno [*kapoh'dannoh*]
Palm sunday	Domenica delle palme [*do'menika 'delleh 'palmeh*]
Whitsunday	Pentecoste [*peyntey'kosteh*]

Numeri [*'noomeri*]

CARDINAL NUMBERS
Cardinali [*kardin'ahli*]

0 zero [*'tseroh*]
1 uno [*'oonoh*]
2 due [*'dooeh*]
3 tre [*treh*]
4 quattro [*'kwatroh*]
5 cinque [*'cheenkweh*]
6 sei [*sey*]
7 sette [*'setteh*]
8 otto [*'ottoh*]
9 nove [*'noveh*]
10 dieci [*di'eychi*]
11 undici [*'oondichi*]
12 dodici [*'dodichi*]
13 tredici [*'trehdichi*]
14 quattordici [*kwa'tordichi*]
15 quindici [*'kwindichi*]
16 sedici [*'seydichi*]
17 diciassette [*dicheeyah'setteh*]
18 diciotto [*dichi'ottoh*]
19 diciannove [*dicheeyah'noveh*]
20 venti [*'venti*]
21 ventuno [*vent'oonoh*]
22 ventidue etc. [*venti'dooey*]
30 trenta [*'trentah*]
31 trentuno [*trent'oonoh*]
32 trentadue etc. [*trenta'dooeh*]
40 quaranta [*kwar'antah*]
50 cinquanta [*chin'kwantah*]
60 sessanta [*se'santah*]
70 settanta [*set'antah*]
80 ottanta [*ot'tantah*]
90 novanta [*novantah*]
100 cento [*'chentoh*]

101 centouno [*chentoh'oonoh*]
102 centodue [*chentoh'dooeh*]
200 duecento [*dooeh'chentoh*]
201 duecentouno etc. [*dooeh'chentoh'oonoh*]
1.000 mille [*'meeleh*]
10.000 diecimila [*di'eychi 'meeleh*]
100.000 centomila [*'chentoh 'meeleh*]
1.000.000 un milione [*oon meely'oneh*]
1.000.000.000 un miliardo [*oon meely'ahrdoh*]

ORDINAL NUMBERS
Ordinali [*ordin'ahli*]

1° primo [*'preemoh*]
2° secondo [*sec'ondoh*]
3° terzo [*'tertzoh*]
4° quarto [*'kwartoh*]
5° quinto [*'kweentoh*]
6° sesto [*'sestoh*]
7° settimo [*'settimoh*]
8° ottavo [*ot'ahvoh*]
9° nono [*'nonoh*]
10° decimo [*'deychimoh*]
11° undicesimo [*oondi'cheyseemoh*]
12° dodicesimo [*dodi'cheyseemoh*]
13° tredicesimo [*trehdi'cheyseemoh*]
14° quattordicesimo [*kwatordi'cheyseemoh*]
15° quindicesimo [*kwindi'cheyseemoh*]
16° sedicesimo [*seydi'cheyseemoh*]
17° diciassettesimo [*dicheeyaset'eyseemoh*]
18° diciottesimo [*dicheeyot'eyseemoh*]
19° diciannovesimo [*dicheeyanov'eyseemoh*]
20° ventesimo [*vent'eyseemoh*]
21° ventunesimo [*ventoon'eyseemoh*]
22o ventiduesimo etc. [*ventidoo'eyseemoh*]
30° trentesimo [*trent'eyseemoh*]
31° trentunesimo [*trentoon'eyseemoh*]
32° trentaduesimo etc. [*trentadoo'eyseemoh*]
40° quarantesimo [*kwarant'eyseemoh*]

50° cinquantesimo [*chinkwant'eyseemoh*]
60° sessantesimo [*sessant'eyseemoh*]
70° settantesimo [*settant'eyseemoh*]
80° ottantesimo [*ottant'eyseemoh*]
90° novantesimo [*novant'eyseemoh*]
100° centesimo [*chent'eyseemoh*]
1.000° millesimo [*meel'eyseemoh*]

Misure [miz'ooreh]

LENGTH
Lunghezza [lun'ghetsah]

1 inch = 2.54 cm	1 pollice [oon 'polleecheh]
1 foot = 30.48 cm	1 piede [oon pee'yeydeh]
1 yard = 91.44 cm	1 iarda ['oona i'ahrdah]
1 mile = 1.61 km	1 miglio [oon 'meeljoh]
1mm	1 millimetro [oon mi'leemeytroh]
1 cm	1 centimetro [oon chen'teemeytroh]
1 dm	1 decimetro [oon dech'eemeytroh]
1 m	1 metro [oon 'meytroh]
1 dam	1 decametro [oon de'kahmeytroh]
1 hm	1 ettometro [oon eet'ohmeytroh]
1 km	1 chilometro [oon kil'omeytroh]

circumference	circonferenza [cheerkonfer'entzah]
depth	profondità [profondi'tah]
diameter	diametro [di'ameytroh]
height	altezza [al'tetzah]
length	lunghezza [lun'getzah]
perimeter	perimetro [pey'reemeytroh]
radius	raggio ['radjeeyoh]
side	lato ['lahtoh]
width	larghezza [lar'getzah]

SQUARE MEASURES
Superficie [sooper'feecheeyeh]

1 square inch = 6.42 cm^2	1 pollice quadrato [oon' polleecheh kwadr'ahtoh]
1 square foot = 9.29 dm^2	1 piede quadrato [oon pee'yeydeh kwadr'ahtoh]

1 square yard = 0.83 m²	1 iarda quadrata [*'oonah i'ahrdah kwadr'ahtah*]
1 acre = 0.40 ha	1 acro [*oon ahkroh kwadr'ahtoh*]
1 square mile = 2.59 km²	1 miglio quadrato [*oon meeljoh kwadr'ahtoh*]
1 mm²	1 millimetro quadrato [*oon mi'leemeytroh kwadr'ahtoh*]
1 cm²	1 centimetro quadrato [*oon chen'teemeytroh kwadr'ahtoh*]
1 dm²	1 decimetro quadrato [*oon dech'eemeytroh kwadr'ahtoh*]
1 m²	1 metro quadrato [*oon 'meytroh kwadr'ahtoh*]
1 dam²	1 decametro quadrato [*oon de'kahmeytroh kwadr'ahtoh*]
1 hm²	1 ettometro quadrato [*oon ett'ohmeytroh kwadr'ahtoh*]
1 km²	1 chilometro quadrato [*oon kill'omeytroh 'kadr'ahtoh*]
area	area [*'ahreeah*]
surface	superficie [*sooper'feecheeyeh*]

CUBIC MEASURES
Volume [*vol'oomeh*]

1 cubic inch = 16.387 cm³	1 pollice cubo [*oon 'polleecheh 'kooboh*]
1 cubic foot = 0.028 m³	1 piede cubo [*oon peeyeydeh 'kooboh*]
1 cubic yard = 0.765 m³	1 iarda al cubo [*'oonah i'ahrdah ahl 'kooboh*]
1 mm³	1 millimetro cubo [*oon mi'leemeytroh 'kooboh*]
1 cm³	1 centimetro cubo [*oon chen'teemeytroh 'kooboh*]
1 dm³	1 decimetro cubo [*oon dech'eemeytroh 'kooboh*]
1 m³	1 metro cubo [*oon 'meytroh 'kooboh*]

15

WEIGHT
Peso [*peyzoh*]

1 grain = 0.0064 g	1 grano [*oon gr'ahnoh*]
1 ounce = 28.35 g	1 oncia ['*oona ohnchah*]
1 pound = 453.60 g	1 libbra ['*oona 'leebbrah*]
1 stone = 6.53 kg	1 stone
1 quarter = 12.70 kg	1 quarter
1 mg	1 milligrammo [*oon mili'grammoh*]
1 cg	1 centigrammo [*oon chenti'grammoh*]
1 dg	1 decigrammo [*oon dechi'grammoh*]
1 g	1 grammo [*oon 'grammoh*]
1 hg	1 ettogrammo [*oon etto'grammoh*]
1 kg	1 chilogrammo [*oon kiloh'grammoh*]
1 q	1 quintale [*oon 'kwintahleh*]
1 t	1 tonnellata ['*oona tonnell'ahtah*]

gross weight	peso lordo ['*peyzoh 'lordoh*]
net weight	peso netto ['*peyzoh 'nettoh*]
tare	tara ['*tahrah*]

CAPACITY
Capacità [*kapachi'tah*]

1 gill = 0.4 l	1 gill
1 pint = 0.57 l	1 pinta ['*oonah 'peentah*]
1 quart = 1.131 l	1 quarto [*oon kw'ahrtoh*]
1 gallon = 4.541 l	1 gallone [*oon gahll'ohneh*]
1 ml	1 millilitro [*oon milli'litroh*]
1 cl	1 centilitro [*oon chen'teelitroh*]
1 dl	1 decilitro [*oon de'cheelitroh*]
1 l	1 litro [*oon 'leetroh*]
1 dal	1 decalitro [*oon de'kahlitroh*]
1 hl	1 ettolitro [*oon ett'ohlitroh*]

Bologna is about 125 miles from Milan	Bologna dista 200 chilometri da Milano [*bo'lonyah 'distah 'dooeh 'chento kill'omeytri da mi'lahnoh*]
How many miles are there between London and Edinburgh?	Quanti chilometri ci sono fra Londra e Edimburgo? [*'kwanti kill'omeytri chi 'sonoh fra 'londrah eh edeem'boorgoh*]
This river is 30 feet-wide	Questo fiume è largo 10 m [*'kwestoh 'feeyoomeh eh 'largoh di'eychi 'meytri*]
Mount Blanc is 15,771 feet-high	Il Monte Bianco è alto 4810 m [*eel 'monteh bee'yankoh eh 'altoh 'kwatroh 'meela 'ottoh 'chentoh di'eychi 'meytri*]
The lake is 30-foot deep	Il lago è profondo 20 m [*eel 'lahgoh eh pro'fondoh 'venti 'meytri*]
The beach is many miles long	La spiaggia è lunga molti chilometri [*la spee'adjah eh 'lungah 'molti kill'omeytri*]
How deep is the water?	Qual è la profondità dell'acqua? [*kwal eh la profondi'tah del 'akwah?*]
My new car can reach up to 90 miles an hour	La mia nuova auto fa i 180 km orari [*lah 'meeyah 'nwovah 'owtoh fah ee chentot'tantah kill'omeytri ohr'ahri*]
My living-room is 12 by 3 feet	Il soggiorno di casa mia misura 6 metri × 3 [*eel sojee'ornoh di 'kahzah 'meeyah mi'zoorah sey 'meytri pehr treh*]
The country-house has a garden of 5 acres	La villa ha un giardino di 5000 m^2 [*lah 'villah a oon jar'deenoh di 'chinkweh 'meelah 'meytri 'kwadri*]

My flat is 80 square feet	Il mio appartamento è di 47 m^2 [*eel 'meeyoh aparta'mentoh eh di kwa'rantah 'setteh 'meytri 'kwadri*]
I've lost some weight, now I weigh 90 pounds	Sono dimagrita, peso 55 kg [*'sonoh dimag'reetah, 'peyzoh chin'kwantah keelo'grammi*]
I'm overweight, I must lose at least 10 pounds	Sono in sovrappeso, devo perdere almeno 5 kg [*'sonoh in sovra'peyzoh 'deyvoh 'peyrdereh al'meynoh 'chinkweh keelo'grammi*]
I would like 2 pounds of peaches and one pound of apricots	Vorrei un kg di pesche e mezzo kg di susine [*vorr'eh oon 'keeloh di 'peskeh eh 'metzohh 'keeloh di soo'zeeneh*]

Tempo cronologico [*'tempoh krono'lodgikoh*]

THE HOURS

Le ore [*leh 'ohreh*]

minute	minuto [*mi'nootoh*]
hour	ora [*'ohrah*]
half an hour	mezz'ora [*medz'orah*]
quarter of an hour	un quarto d'ora
	[*oon 'kwartoh 'dohrah*]
second	secondo [*se'kondoh*]

THE DAYS

I giorni [*eeh 'jorni*]

afternoon	pomeriggio
	[*pomer'eedgeeyoh*]
dawn, daybreak	alba [*'albah*]
day	giorno [*'jornoh*]
evening	sera [*'seyrah*]
holiday	giorno festivo
	[*'jornoh fes'teevoh*]
midnight	mezzanotte
	[*medzah'notteh*]
morning	mattino [*mat'teenoh*]
night	notte [*'notteh*]
noon	mezzogiorno [*medzoh'jornoh*]
sun rise	aurora [*ow'rorah*]
sunset	tramonto [*tra'montoh*]
the day after tomorrow	dopodomani
	[*dopohdo'mahni*]
the day before yesterday	l'altro ieri
	[*'laltroh ee'yehri*]
today	oggi [*'odji*]
tomorrow	domani [*do'mahni*]
weekday	giorno feriale
	[*'jornoh feree'ahleh*]
yesterday	ieri [*ee'yehri*]

THE WEEK
La settimana [lah setti'mahnah]

Monday	lunedì [looneh'di]
Tuesday	martedì [marteh'di]
Wednesday	mercoledì [merkoleh'di]
Thursday	giovedì [johvey'di]
Friday	venerdì [vener'di]
Saturday	sabato ['sahbatoh]
Sunday	domenica [do'meynikah]

THE MONTHS
I mesi [ee 'meyzi]

January	gennaio [jen'aiyoh]
February	febbraio [feb'raiyoh]
March	marzo ['martsoh]
April	aprile [ap'reeleh]
May	maggio ['madgyoh]
June	giugno ['joonyoh]
July	luglio ['loolyoh]
August	agosto [ag'ostoh]
September	settembre [sett'embreh]
October	ottobre [ott'obreh]
November	novembre [nov'embreh]
December	dicembre [di'chembreh]

THE SEASONS
Le stagioni [leh stadgee'yoni]

spring	primavera [preema'veyrah]
summer	estate [est'ahteh]
autumn, fall	autunno [ow'toonnoh]
winter	inverno [in'veyrnoh]

THE YEARS
Gli anni [ly 'anni]

century	secolo ['sekoloh]
epoch	epoca ['eypokah]
era	era ['ehrah]
millenium	millennio [meel'enneeyoh]
year	anno ['annoh]
leap year	anno bisestile ['annoh bisess'teeleh]
solar year	anno solare ['annoh soh'lahreh]

What time is it, please?	Che ora è per favore? [key 'orah eh peyr fa'voreh?]
It's ...	Sono le ... ['sonoh leh ...]
eight o'clock	otto ['ottoh]
ten past eight	otto e dieci ['ottoh eh di'eychi]
quarter past eight	otto e un quarto ['ottoh eh oon 'kwartoh]
twenty past eight	otto e venti ['ottoh eh 'venti]
half past eight	otto e mezza ['ottoh eh 'medzah]
quarter to nine	nove meno un quarto ['noveh 'meynoh oon 'kwartoh]
ten to nine	nove meno dieci ['noveh 'meynoh di'eychi]
It's midnight	È mezzanotte [eh medzah'notteh]
It's noon	È mezzogiorno [eh medzoh 'jornoh]
What time does the supermarket open?	A che ora apre il supermercato? [a key 'orah 'apreh eel soopeyrmehr'kahtoh?]
What time does the chemist close?	A che ora chiude la farmacia? [a key 'orah 'keeyoodeh la fahrma'cheeyah?]
When is the next train to ... (leaving)?	A che ora parte il prossimo treno per ...? [a key 'ohrah 'parteh eel 'prossimoh 'trehnoh peyr ...?]

21

We'll arrive at about seven	Arriviamo verso le sette [*arrivi'ahmoh 'versoh leh 'setteh*]
I'll arrive between two and three	Arrivo fra le due e le tre [*a'rreevoh fra leh 'dooeh eh leh treh*]
I have a meeting in an hour	Ho un appuntamento fra un'ora [*oh oon appunta'mentoh fra oon 'ohrah*]
Let's meet at ten o'clock sharp	Incontriamoci alle dieci in punto [*inkontri'ahmochi 'alleh di'eychi in 'puntoh*]
Up to what time can I check out my luggage?	Fino a che ora si possono ritirare i bagagli? [*'feenoh a key 'ohrah si 'possonoh riti'rahreh ee bag'alyi?*]
When does the show start?	A che ora inizia lo spettacolo? [*a key 'ohrah i'neetseeyah loh spett'akoloh?*]
What (day) is today?	Quanti ne abbiamo oggi? [*'kwanti neh abee'yamoh 'odji?*]
When is the swimming pool open?	In quali giorni è aperta la piscina? [*in 'kwali 'jorni eh a'peyrtoh la pi'sheenah?*]
How old are you?	Quanti anni hai? [*'kwanti 'anni aiy?*]
I'm thirty-eight-years old	Ho trentotto anni [*oh trent'ottoh 'anni*]
I was born on 10 March 1954	Sono nato il 10 marzo del 1954 [*'sonoh 'narhtoh eel di'eychi 'martsoh del 'meeleh 'noveh 'chento chin'kwantah 'kwatroh*]

Tempo meteorologico [ˈtempoh meteyorohˈlodgikoh]

air	aria [ˈahreeah]
atmosphere	atmosfera [atmosˈfeyrah]
barometer	barometro [barˈomeytroh]
climate	clima [ˈkleemah]
cold climate	clima freddo [ˈkleemah ˈfreddoh]
continental climate	clima continentale [ˈkleemah kontinenˈtahleh]
dry climate	clima secco [ˈkleemah ˈsekkoh]
hot climate	clima caldo [ˈkleemah ˈkaldoh]
icy climate	clima glaciale [ˈkleemah glachiˈahleh]
marine climate	clima marittimo [ˈkleemah marˈittimoh]
temperate climate	clima temperato [ˈkleemah temperˈahtoh]
torrid climate	clima torrido [ˈkleemah ˈtorridoh]
wet climate	clima umido [ˈkleemah ˈoomidoh]
cloud	nuvola [ˈnoovolah]
cold	freddo [ˈfreddoh]
cyclone	ciclone [chiˈkloneh]
degree	grado [ˈgrahdoh]
dew	rugiada [rooˈjahdah]
fog	nebbia [ˈnebbeeyah]
frost	gelo [ˈjeyloh]
hail	lampo [ˈlampoh]
haze, mist	foschia [fosˈkeeyah]
heat	caldo [ˈkaldoh]
hoar-frost	brina [ˈbreenah]
hot	caldo [ˈkaldoh]
humidity	umidità [oomidiˈtah]
hurricane	uragano [ooraˈgahnoh]

23

ice	ghiaccio, grandine [*ghee'atchoh, 'grandineh*]
lightning	fulmine [*'fullmineh*]
moon	luna [*'loonah*]
rain	pioggia [*pee'odjah*]
rainbow	arcobaleno [*ahrkobal'eynoh*]
shower	acquazzone [*akwats'ohneh*]
sky	cielo [*chi'eyloh*]
clear sky	cielo sereno [*chi'eyloh ser'eynoh*]
cloudy sky	cielo nuvoloso [*chi'eyloh noovo'losoh*]
dark sky	cielo coperto [*chi'eyloh ko'peyrtoh*]
snow	neve [*'nehveh*]
star	stella [*'stellah*]
storm	tempesta, temporale [*tem'pestah, tem'porahleh*]
sultriness	afa [*'ahfah*]
sun	sole [*'sohleh*]
temperature	temperatura [*tempeyra'toorah*]
temperature above-zero	temperatura sopra zero [*tempeyra'toora 'sopra 'zeyroh*]
temperature below-zero	temperatura sotto zero [*tempeyra'toora 'sottoh 'zeyroh*]
thermometer	termometro [*term'omeytroh*]
thunder	tuono [*'twonoh*]
wind	vento [*'ventoh*]
bora	bora [*'borah*]
breeze	brezza [*'bretsah*]
mistral	maestrale [*maiyes'trahleh*]
monsoon	monsone [*mon'soneh*]
north wind	tramontana [*tramon'tahnah*]
sirocco	scirocco [*shee'rokkoh*]
south-west wind	libeccio [*li'becheeyoh*]
trade-wind	aliseo [*alee'zeyoh*]

I'm cold!	Ho freddo! [oh 'freddoh!]
I'm hot!	Ho caldo! [oh 'kaldoh!]
It's cold!	Che freddo! [key 'freddoh!]
It's hot!	Che caldo! [key 'kaldoh!]
Is it always so cold / hot here in England?	Fa sempre così freddo / caldo qui in Inghilterra? [fa 'seympreh koh'zi 'freddoh / 'kaldoh kwee in inghil'terrah?]
In Italy it is never so cold / hot	In Italia non fa mai così freddo / caldo [in i'talyah non fah maiy koh'zi 'freddoh / 'kaldoh]
What should I wear?	Come mi devo vestire? ['komeh mi 'deyvoh ves'teereh]
Is the heating on?	È acceso il riscaldamento? [eh a'cheysoh eel riskalda'mentoh?]
Can you turn up the heat, please?	Può alzare il riscaldamento per favore? [pwoh al'tsahreh eel riskalda'mentoh peyr fa'voreh?]
What a lovely day!	Che bella giornata! [key 'bellah jor'nahtah!]
What a nasty weather!	Che tempaccio! [key tem'patchoh!]
Should I need an umbrella?	Servirà l'ombrello? [servir'ah lom'brelloh?]
Will there be fog on the road?	Troveremo la nebbia per strada? [trohvehr'eymoh lah 'nebbeeyah peyr 'strahdah?]

| The roads are icy | Le strade sono ghiacciate
[*leh 'strahdey 'sonoh gheeya'chahteh*] |
| --- | --- |
| What would the weather be like tomorrow? | Che tempo farà domani?
[*key 'tempoh far'ah do'mahni?*] |
| What's today's temperature? | Che temperatura abbiamo oggi?
[*key tempera'toorah abbee'ahmoh 'odji?*] |
| This weather makes me feel in bad mood | Questo tempo mi mette di cattivo umore
[*'kwestoh 'tempoh mi 'metteh di katt'eevoh oo'mohreh*] |
| With this weather we must stay home | Con questo tempo dobbiamo rimanere in casa
[*kon 'kwesto 'tempoh dobbee'yahmoh rima'nehreh in 'kahzah*] |
| Let's wait till the rain stops | Aspettiamo che smetta di piovere
[*aspetti'ahmoh key 'smettah di pee'ohvereh*] |
| Let's wait till it cools down a bit | Aspettiamo che rinfreschi un po'
[*aspettee'ahmoh key rin'freski oon poh*] |

Il corpo umano [*eel 'korpoh oo'mahnoh*]

ankle	caviglia [*kav'eelyah*]
appendix	appendice [*appen'deechey*]
arm	braccio [*'brachioh*]
artery	arteria [*arter'eeyah*]
back	schiena [*skee'yehnah*]
belly	pancia [*'panchah*]
bladder	vescica [*vesh'eekkah*]
blood	sangue [*'sangweh*]
body	corpo [*'korpoh*]
bone	osso [*'ossoh*]
bottom	sedere [*se'dehreh*]
brain	cervello [*cher'velloh*]
breast	seno [*'seynoh*]
calf	polpaccio [*pol'patchoh*]
cheek	guancia [*'gwanchah*]
chest	torace [*tor'ahchey*]
chin	mento [*'mentoh*]
collar-bone	clavicola [*cla'veekolah*]
ear	orecchio [*o'rekkyoh*]
elbow	gomito [*'gomitoh*]
eye	occhio [*'okkyoh*]
eye-brows	sopracciglia [*soprah'cheelyah*]
eye-lashes	ciglia [*'cheelyah*]
face	faccia, viso [*'fatchah, 'veezoh*]
faeces	feci [*'feychi*]
features	lineamenti [*lineyah'menti*]
femur, thigh-bone	femore [*'feymoreh*]
finger	dito [*'deetoh*]
foot	piede [*pee'yeydeh*]
fore-head	fronte [*'fronteh*]
gait	portamento [*porta'mentoh*
genitals	genitali [*jenee'tahli*]

gland	ghiandola [*ghee'andolah*]
gum	gengiva [*jen'jeevah*]
hair	capelli, pelo [*kap'elli, 'peyloh*]
hand	mano [*'mahnoh*]
head	testa [*'testah*]
heart	cuore [*'kworeh*]
hip	anca [*'ankah*]
intestine	intestino [*intest'eenoh*]
jaw	mascella [*mash'ellah*]
kidney	rene [*'rehneh*]
knee	ginocchio [*jee'nokkyoh*]
leg	gamba [*'gambah*]
lip	labbro [*'labbroh*]
liver	fegato [*'feygatoh*]
lung	polmone [*pol'mohneh*]
mouth	bocca [*'bokkah*]
muscle	muscolo [*'mooskoloh*]
neck	collo [*'kolloh*]
nerve	nervo [*'nehrvoh*]
nose	naso [*'nahsoh*]
pelvis	bacino [*bach'eenoh*]
penis	pene [*'peyneh*]
rectum	retto [*'rettoh*]
rib	costola [*'kostohlah*]
shoulder	spalla [*'spallah*]
side	fianco [*fee'yankoh*]
skin	pelle [*'pelleh*]
spine	spina dorsale [*'speenah dor'sahleh*]
spleen	milza [*'meelzah*]
stomach	stomaco [*'stomakkoh*]

tendon	tendine ['tendineh]
thigh	coscia ['koshah]
throat	gola ['gohlah]
thumb	pollice ['polleecheh]
tongue	lingua ['lingwah]
tonsils	tonsille [ton'seeleh]
tooth	dente ['denteh]
canine	canino [ka'neenoh]
~~incisor~~	incisivo [inchi'seevoh]
molar	molare [moh'lahreh]
premolar	premolare [premoh'lahreh]
wisdom tooth	dente del giudizio ['denteh del ju'ditsiyoh]
urine	urina [oo'reenah]
vagina	vagina [va'jeenah]
vein	vena ['veynah]
waist	vita ['veetah]
wrist	polso ['polsoh]

THE SENSES
I sensi [eeh sensee]

hearing	udito [oo'deetoh]
sigh	vista ['veestah]
smell	odorato [ohdoh'rahtoh]
taste	gusto ['goostoh]
touch	tatto ['tahttoh]

Blond / brown / red / black / grey hair	Capelli biondi / castani / rossi / neri / brizzolati [ka'pelli 'beeyondi / kas'tahni / 'rossi / 'neyri / britso'lahti]
Normal / dry / oily hair	Capelli normali / secchi / grassi [ka'pelli nor'mahli / 'sekkeeh / 'grassi]

Shapely ankles	Caviglie sottili [*ka'veelyeh sott'eeli*]
Thick eye-brows	Ciglia folte [*'cheelyah 'folteh*]
Long neck	Collo lungo [*'kolloh 'lunghoh*]
Protruding / crooked teeth	Denti sporgenti / storti [*'denti spor'jenti / 'storti*]
Thin fingers	Dita sottili [*'deetah sott'eeli*]
Normolineal / slender / squat figure	Figura normolinea / slanciata / tozza [*fi'goorah normo'lineeah / slan'chahtah / 'totsah*]
High / low fore-head	Fronte alta / bassa [*'fronteh 'altah / 'bassah*]
Straight / crooked / slender / sturdy legs	Gambe dritte / storte / slanciate / robuste [*'gambeh 'dritteh / 'storteh / slan'chahteh / ro'boosteh*]
Puffy cheeks	Guancie paffute [*'gwanchey pa'ffooteh*]
Protruding chin	Mento pronunciato [*'mentoh pronoonchi'ahtoh*]
Toned / slackened muscles	Muscoli tonici / rilassati [*'mooskoli 'tonichi / rilass'ahti*]
Aquiline / beak nose	Naso aquilino [*'nahzo akwee'leenoh*]
Blue / green / brown / black eyes	occhi azzurri / verdi / marroni / neri [*'okki adz'urri / 'vehrdi / mahr'ohni / 'nehri*]
Almond-shaped eyes	Occhi a mandorla [*'okki a 'mandorlah*]

Flappy ears	Orecchie a sventola [o'rekkeeyay a 'sventohlah]
Normal / dry / oily / mixed skin	Pelle normale / secca / grassa / mista ['pelleh nor'mahleh / 'sekkah / 'grassah / 'meestah]
Thin wrists	Polsi sottili ['polsi sott'eeli]
Upright posture	Portamento eretto [porta'mentoh e'rettoh]
Straight / curved back	Schiena dritta / curva [skee'eynah 'drittah / 'koorvah]
Broad / narrow shoulders	Spalle larghe / strette ['spalleh 'larghey / 'stretteh]
Regular / round / oval face	Viso regolare / tondo / ovale ['veezoh rego'lahreh / 'tondoh / o'vahleh]
Thin waist	Vita sottile ['veetah sott'eeleh]

Avvisi e segnalazioni di uso comune
[*a'veezi eh senyalatsee'yoni di 'oozoh ko'mooneh*]

Air-conditioning	Aria condizionata [*'ahreeah konditseeo'nahtah*]
Air-conditioning switch	Interruttore per il condizionamento ad aria [*interroo'toreh peyr eel konditseeona'mentoh ad 'ahreeah*]
All directions	Tutte le direzioni [*'tooteh leh diretsee'oni*]
Arrivals	Arrivi [*arr'eevi*]
Beware!	Attenzione! [*attentsee'oneh!*]
Beware of the dog!	Attenti al cane! [*att'enti al 'kahneh!*]
Bus stop	Fermata degli autobus [*feyr'mahtah 'deyli 'owtoboos*]
Change	Cambio [*'kambeeyoh*]
Close the door	Chiudere la porta [*kee'yoodereh lah 'portah*]
Closed	Chiuso [*kee'yoozoh*]
Come on	Avanti [*av'anti*]
Customs	Ufficio doganale [*oo'feecheeyoh doga'nahleh*]
Danger!	Pericolo! [*peyr'eekoloh!*]
Departures	Partenze [*par'tentseh*]

32

Diversion	Deviazione [*deyveeatsee'oneh*]
Dogs on leash	Cani al guinzaglio [*'kahni al gween'zalyoh*]
Do not open the doors before the train stops	Non aprire prima dell'arresto del treno [*non ap'reereh 'preemah del arr'estoh del 'trehnoh*]
Do not throw objects out of the window	Non gettare oggetti dal finestrino [*non jett'ahreh odj'etti dal fi'nestroh*]
Do not touch	Non toccare [*non tokk'ahreh*]
Electric-razor socket	Presa di korrente per rasoio [*'prehzah di korr'enteh peyr ra'zoyoh*]
Elevator, lift	Ascensore [*ashen'soreh*]
Emergency exit	Uscita di sicurezza [*oo'sheetah di sikoo'retsah*]
Entrance	Entrata [*ent'rahtah*]
Exit	Uscita [*oo'sheetah*]
For sale	Vendesi [*'vendehzi*]
Free entry	Entrata libera [*ent'rahtah 'leeberah*]
Garbage	Rifiuti [*rifee'yooti*]
Heating switch	Interruttore per il riscaldamento [*interroo'toreh peyr eel riskaldah'mentoh*]
Information, inquiry office	Ufficio informazioni [*oo'feecheeyoh informatsee'oni*]

Left-luggage	Deposito bagagli [*de'pozitoh ba'galyi*]
Light switch	Interruttore della luce [*interroo'toreh 'dellah 'loochey*]
No-admittance for under-eighteens	Vietato ai minori di 18 anni [*viet'ahtoh aiy mi'nori di dichi'ottoh 'anni*]
No-bathing	Divieto di balneazione [*divi'eytoh di balneyatsee'oneh*]
No dogs allowed	Vietato l'ingresso ai cani [*viet'ahtoh ling'ressoh aiy 'kahni*]
No-drinking water	Acqua non potabile ['*akwa non po'tahbileh*]
No-fishing	Divieto di pesca [*divi'eytoh di 'peskah*]
No-hunting	Divieto di caccia [*divi'eytoh di 'katchah*]
No-standing in the way	Lasciare libero il passaggio [*la'shahreh 'leebeyroh eel pass'adjoh*]
No-stopping in the passage-ways	Non sostare nei passaggi di comunicazione [*non sos'tahreh ney pass'adji di komoonikatsee'oney*]
Opening hours	Orario di apertura [*or'ahreeyoh di apeyr'toorah*]
Out of order	Fuori servizio ['*fwori ser'vitseeoh*]
Post office	Ufficio postale [*oo'feecheeyoh post'ahleh*]

Private	Privato [*pri'vahtoh*]
Private property	Proprietà privata [*propreeyeh'tah pri'vahtah*]
Private road	Strada privata [*'strahdah pri'vahtah*]
Push / Pull	Spingere / Tirare [*'spinjereh / ti'rahreh*]
Reserved	Riservato [*rizer'vahtoh*]
Ring the bell	Suonare [*swon'ahreh*]
Road-works	Lavori in corso [*lav'ori in 'korsoh*]
Seat reserved for desabled	Posto riservato agli invalidi [*'postoh riser'vahtoh 'aiyli in'vahlidi*]
Sink	Lavandino [*lavan'deenoh*]
Smoking / No-smoking	Fumatori / Non fumatori [*fooma'tori / non fooma'tori*]
Sold out	Esaurito [*ehzow'reetoh*]
Taxi stand	Fermata dei taxi [*feyr'mahtah dey 'taksi*]
To let	Affittasi [*aff'eetahzi*]
Tourist office	Ufficio del turismo [*oo'feecheeyoh del toor'eezmoh*]
Vacant / Occupied	Libero / Occupato [*'leebeyroh / okkoo'pahtoh*]

Denaro e banca [de'nahroh eh 'bankah]

account	conto ['kontoh]
bank account	conto bancario ['kontoh bank'ahreeyoh]
current account	conto corrente ['kontoh korr'enteh]
amount	importo [im'portoh]
in cash	in contanti [in kon'tanti]
bank	banca ['bankah]
bank-book	libretto bancario [li'brettoh bank'ahreeyoh]
bank-note	banconota [bankoh'notah]
bank transfer	bonifico [bon'eefikoh]
banker's draft	assegno circolare [ass'enyo cheerko'lahreh]
bill of exchange	cambiale [kambee'yahleh]
cash	contante [kon'tanteh]
to cash	incassare [inkass'ahreh]
change	cambio ['kambeeyoh]
to change	cambiare [kambee'yahreh]
cheque	assegno [ass'enyoh]
bank cheque	assegno bancario [ass'enyo bank'ahreeyoh]
international cheque	assegno internazionale [ass'enyo internatseeon'ahleh]
coin	moneta [mo'nehtah]
commission	provvigione [providgee'oneh]
credit	accredito [a'kreditoh]
credit card	carta di credito ['kahrtah di 'kreditoh]
currency	valuta [va'lootah]
foreign currency	valuta estera [va'lootah 'esterah]
deposit	deposito, versamento [deh'pozitoh, veyrsa'mentoh]
drawing	prelievo [prelee'eyvoh]

form	modulo [*'modooloh*]
interest rate	tasso d'interesse [*'tassoh di inter'esseh*]
letter of credit	lettera di credito [*'letterah di 'creditoh*]
money	denaro [*den'ahroh*]
to pay	pagare [*pag'ahreh*]
payment	pagamento [*paga'mentoh*]
postal giro	conto corrente postale [*'kontoh korr'enteh pos'tahleh*]
receipt	ricevuta [*richey'vootah*]
to repay	rimborsare [*rimbor'sahreh*]
safe-deposit box	cassetta di sicurezza [*kass'ettah di sikoo'retsah*]
savings bank	cassa di risparmio [*'kassah di ris'pahrmeeyoh*]
signature	firma [*'feermah*]
small change	spiccioli [*'spicholi*]
to deposit	depositare [*dehpozit'ahreh*]
VAT	IVA [*'eevah*]
window	sportello [*spor'telloh*]
Where is the nearest bank, please?	Dov'è la banca più vicina, per favore? [*dov'eh lah 'banka pew vi'cheenah peyr fav'oreh?*]
What are the opening hours?	Qual è l'orario di apertura? [*kwal eh lo'rareeyoh di aper'toorah?*]
I would like to change this money	Vorrei cambiare questo denaro [*vorr'eh kambee'yahreh 'kwestoh den'ahroh*]

37

I would like to cash these traveller's cheques	Vorrei incassare questi traveller's cheques
	[vorr'eh inkass'ahreh 'kwesti traveller's cheques]
I've lost my traveller's cheques. This is my receipt	Ho perso i traveller's cheques. Questa è la ricevuta
	[oh 'persoh ee traveller's cheques. 'kwestah eh lah richey'vootah]
My traveller's cheques have been stolen. I've already reported it to the police	I traveller's cheques mi sono stati rubati. Ho già fatto la denuncia alla polizia
	[ee traveller's cheques mi 'sonoh 'stahti roo'bahti. oh jah 'fattoh la dey'noonchah allah polits'eeyah]
Can you give me some small change?	Può darmi della moneta?
	[pwoh 'dahrmi 'dellah mo'nehtah?]
Can you give some ... coins?	Può darmi delle monete da ... lire?
	[pwoh 'dahrmi 'delleh mo'neyteh dah ... leereh?]
Could you give me ... notes?	Può darmi delle banconote da ... lire?
	[pwoh 'dahrmi 'delleh banko'nohteh da ... leereh]
There should be a bank transfer on my name ...	Dovrebbe esserci un bonifico a mio nome ...
	[dov'rebbeh 'esserchi oon bon'eefikoh a 'nohmey ...]
My bank in England is ...	La mia banca in Inghilterra è ...
	[la 'meeyah 'banka in inghil'terrah eh ...]
Could you help me to fill up this form, please?	Può aiutarmi a compilare il modulo, per favore?
	[pwoh ayoo'tahrmi a kompi'lahreh eel 'modooloh peyr fav'oreh?]

| I don't understand what's written here, could you help me, please? | Non capisco cosa c'è scritto, mi aiuta per favore?
[*non ka'peeskoh 'kohzh chey 'skrittoh, mi a'yootah peyr fav'oreh?*] |
| Could you lend me a pen? | Può prestarmi una penna?
[*pwoh prest'ahrmi 'oonah 'pennah?*] |

address	indirizzo [indi'ritsoh]
addressee	destinatario [destinat'ahreeyoh]
air mail	via aerea ['veeyah a'ehreyah]
envelope	busta ['boostah]
express mail	espresso [es'pressoh]
letter	lettera ['letterah]
letter box	cassetta per le lettere [ka'ssettah pehr leh 'lettereh]
mail	corrispondenza [korrispon'dentsah]
money order	vaglia ['valyah]
international money order	vaglia internazionale ['valyah internatseeon'ahleh]
P.O. box	casella postale [ka'zellah post'ahleh]
parcel	pacchetto [pakk'ettoh]
postal giro	conto corrente postale ['kontoh korr'enteh post'ahleh]
postcard	cartolina [kahrto'leenah]
postal card	cartolina postale [kahrto'leenah post'ahleh]
poste restante	fermo posta ['fehrmoh 'postah]
printed matter	stampati [stam'pahti]
rate	tariffa [tar'iffah]
receipt	ricevuta [richeh'vootah]
registered letter	raccomandata [rakkoman'dahtah]
registered express letter	raccomandata espresso [rakkoman'dahtah es'pressoh]
registered letter with recorded	raccomandata con ricevuta di ritorno [rakkoman'dahtah kon rich'vootah di ri'tornoh]

sender	mittente [*mitt'enteh*]
stamp	francobollo [*franko'bolloh*]
telegram	telegramma [*tele'grammah*]
word	parola [*par'ohlah*]
writing paper	carta da lettere [*'kahrtah dah 'lettereh*]

Where is the post office?	Dov'è l'ufficio postale? [*dohv'eh loo'feecheeyoh post'ahleh?*]
When does the post office open and close?	Qual è l'orario di apertura delle poste? [*'kwal eh lor'ahreeyoh di aper'toorah 'delleh 'posteh?*]
Where can I buy some stamps?	Dove posso comprare dei francobolli? [*'dohveh 'possoh komp'rahreh deh franko'bolli?*]
I'd like some stamps for these postcards	Vorrei dei francobolli per queste cartoline [*vorr'eh deh franko'bolli pehr 'kwesteh karto'leeneh*]
How much is a stamp for a letter / postcard to England?	Quanto costa un francobollo per lettera / cartolina per l'Inghilterra? [*'kwantoh 'kostah oon franko'bolloh pehr 'letterah/karto'leenah pehr linghil'terrah?*]
I want to send this by registered mail	Devo fare una raccomandata [*'dehvoh 'fahreh 'oonah rakkoman'dahtah*]
Could you lend me a pen, please?	Può prestarmi una penna? [*pwoh pres'tahrmi 'oonah 'pennah?*]

41

Could you help me to fill up this form?	Può aiutarmi a compilare il modulo? [*pwoh ayoo'tahrmi a kompil'ahreh eel 'modooloh?*]
I want to send this parcel by express mail	Vorrei spedire un pacchetto per espresso [*vorr'eh sped'eereh oon pakk'ettoh pehr es'pressoh*]
I want to send a money order	Vorrei fare un vaglia postale [*vorr'eh 'fahreh oon 'valyah post'ahleh*]
I want to send an international money order to this address	Vorrei spedire un vaglia internazionale a questo indirizzo [*vorr'eh sped'eereh oon 'valyah internatseeyon'ahleh a 'kwestoh indi'ritsoh*]
I want to send a telegram	Vorrei fare un telegramma [*vorr'eh 'fahreh oon tele'grammah*]
How much is it for twenty words?	Quanto costano venti parole? [*'kwantoh 'kostanoh 'venti par'ohleh?*]

Telefono e fax [te'lefonoh eh fax]

call	chiamata [keeyah'mahtah]
code number	prefisso teleselettivo [pre'fissoh teleselet'eevoh]
direct, trunk dialling	teleselezione [teleseletsee'yoneh]
directory information service	servizio informazioni elenco abbonati [ser'vitseeoh informatsee'oneh el'enkoh abbonn'ahti]
fax	fax [fax]
fax number	numero del fax ['noomeroh del fax]
to receive a fax	ricevere un fax [rich'ehvereh oon fax]
to send a fax	spedire un fax [sped'eereh oon fax]
phone book	guida telefonica ['gweedah tele'fonikah]
phone booth	cabina telefonica [kab'eenah tele'fonikah]
phone call	telefonata [telefon'ahtah]
call through operator	telefonata tramite centralino [telefon'ahtah 'tramiteh chentral'eenoh]
direct call	telefonata diretta [telefon'ahtah di'rettah]
international trunk-call	telefonata intercontinentale [telefon'ahtah interkontinen'tahleh]
local call	telefonata urbana [telefon'ahtah oor'bahnah]
long-distance call	telefonata interurbana [telefon'ahtah interoor'bahnah]
phone set	impianto telefonico [impee'antoh tele'fonikoh]
public phone	posto telefonico pubblico ['postoh tele'fonikoh 'pooblikoh]

rate	tariffa [*tar'iffah*]
full rate	tariffa ordinaria
	[*tar'iffah ordi'nahreeyah*]
reduced rate	tariffa ridotta
	[*tar'iffah ri'dottah*]
receiver	ricevitore [*richevi'toreh*]

| switchboard | centralino telefonico |
| | [*chentral'eenoh tele'fonikoh*] |

telephone	telefono [*te'lefonoh*]
hand-phone	telefono portatile
	[*te'lefonoh port'ahtileh*]
telephone exchange	centralino [*chentral'eenoh*]
telephone number	numero del telefono
	[*'noomeroh del te'lefonoh*]

| I'd like to make a phone call, is there a public phone here? | Vorrei telefonare, c'è un telefono pubblico qui? [*vorr'eh telefon'ahreh, cheh oon te'lefonoh 'pooblikoh kwee?*] |

| Can I send a fax from here? | Si può spedire un fax da qui? [*si pwoh sped'eereh oon fax da kwee?*] |

| It's impossible to read this fax, could you send it again? | Il fax non è leggibile, può rispedirlo? [*eel fax non eh ledg'eebileh, pwoh risped'eerloh?*] |

| I would like a telephone card | Vorrei una carta telefonica [*vorr'eh 'oonah 'kahrtah tele'fonikah*] |

| How much is a telephone card? | Quanto costa una carta telefonica? [*'kwantoh 'kosta 'oonah 'kahrtah tele'fonikah?*] |

| I'd like some coins for the phone | Vorrei degli spiccioli per telefonare [*vorr'eh 'dehli 'spicholi pehr telefon'ahreh*] |

Could you give me some small change, please?	Può darmi degli spiccioli, per favore? [*pwoh 'dahrmi 'dehli 'spicholi, pehr fav'ohreh?*]
Can you give me the phone book, please?	Può darmi l'elenco telefonico, per favore? [*pwoh 'dahrmi lel'enkoh tele'fonikoh, pehr fav'ohreh?*]
Have you got the London directory?	Ha anche l'elenco telefonico di Londra? [*a 'ankeh lel'enkoh tele'fonikoh di 'londrah?*]
What's the code number for London?	Qual è il prefisso di Londra? [*kwal eh eel pre'fissoh di 'londrah?*]
Can you give me the phone number of Mr ...	Vorrei il numero telefonico del signor ... [*vorr'eh eel 'noomeroh tele'fonikoh del 'seenyor ...*]
Good morning, may I speak to ..., please?	Buongiorno, vorrei parlare con ..., me lo passa per favore? [*bwon'jornoh vorr'eh par'lahreh kon ..., meh loh 'passah pehr fav'ohreh?*]
When can I call back?	Quando posso richiamare? [*'kwandoh 'possoh rikeeyam'ahreh?*]
Can you call me at this number?	Può richiamarmi a questo numero? [*pwoh rikeeyam'ahrmi a 'kwestoh 'noomeroh?*]
I wish to speak to ...	Vorrei parlare a ... [*vorr'eh par'lahreh a ...*]
Hold on, please	Rimanga in linea [*ri'mangah in 'lineyah*]

The line is engaged / free	La linea è occupata / libera [la 'lineyah eh okkoo'pahtah / 'leeberah]
Who's speaking, please?	Chi parla, prego? [kee 'pahrlah, 'prehgoh?]
Can you repeat it, please?	Può ripetere, per favore? [pwoh ri'pehtereh, pehr fav'oreh?]
Can you speak more slowly?	Può parlare più lentamente? [pwoh par'lahreh pew lenta'menteh?]
I didn't catch your name	Non ho capito il suo nome [non oh kap'eetoh eel 'soohoh 'nohmeh]
Mister ... is busy now / isn't answering / will be back tomorrow	Il signor ... è occupato / non risponde / rientra domani [eel 'seenyor ... eh okkoo'pahtoh / non ris'pondeh / ri'entrah doh'mahni]
I wish to send a telegram	Vorrei dettare un telegramma [vorr'eh dett'ahreh oon tele'grammah]
I wish to be woken up at ...	Vorrei la sveglia per le ore ... [vorr'eh lah 'svelyah pehr leh 'ohreh ...]
I'd like to make a reverse-charge call	Vorrei fare una telefonata a carico del ricevente [vorr'eh 'fahreh 'oonah telefon'ahtah a 'karikoh del richey'venteh]

Affari e lavoro [aff'ahri eh la'voroh]

administration	amministrazione [amministratsee'ohneh]
advantage	vantaggio [van'tadgeeyoh]
advertising	pubblicità [pooblichi'tah]
agency	agenzia [ajents'eeyah]
agent	agente [a'jenteh]
indipendent agent	agente plurimandatario [a'jenteh ploorimandat'ahreeyoh]
sole agent	agente monomandatario [a'jenteh monomandat'ahreeyoh]
agreement	accordo [akk'ordoh]
balance	bilancio consuntivo [bi'lancheeyoh konsoon'teevoh]
branch	succursale [sookoor'sahleh]
budget	bilancio preventivo [bi'lancheeyoh preyven'teevoh]
business	affare [aff'ahreh]
catalogue	catalogo [kat'alogoh]
co-worker	collaboratore [kollabora'tohreh]
commission	provvigione [providgee'oneh]
competition	concorrenza [konkorr'entsah]
competitor	concorrente [konkorr'enteh]
consumption	consumo [kon'soomoh]
contract	contratto [kon'trattoh]
consultancy contract	contratto di consulenza [kon'trattoh di konsoo'lentsah]
time contract	contratto a termine [kon'trattoh a 'tehrmineh]
cost	costo ['kostoh]
curriculum vitae	curriculum vitae [koo'rikoolum 'veeteh]
customer	cliente [klee'enteh]
delivery	consegna [kon'senyah]

47

dismissal, firing	licenziamento [*leechenzeeyah'mentoh*]
distribution	distribuzione [*distribootsee'ohneh*]
employee	dipendente [*dipen'denteh*]
experience	esperienza [*esperey'entsah*]
firm	azienda [*atsee'endah*]
foreign worker	lavoratore straniero [*lavora'tohreh stranee'yehroh*]
head-offices	sede [*'sehdeh*]
hiring	assunzione [*assuntsee'ohneh*]
importer	importatore [*importa'tohreh*]
in charge of	responsabile [*respons'ahbileh*]
insurance	assicurazione [*assikooratsee'ohneh*]
investment	investimento [*investi'mentoh*]
invoice	fattura [*fatt'oorah*]
job	attività [*attivit'ah*]
job application	domanda di impiego [*do'mandah di impee'yehgoh*]
license	licenza [*lee'chenzah*]
life assurance	assicurazione sulla vita [*assikooratsee'ohneh 'soolah 'veetah*]
manager	direttore [*dirett'ohreh*]
market	mercato [*mer'kahto*]
market survey	indagine di mercato [*in'dadgeeneh di mer'kahto*]
means of communication	mezzo di comunicazione [*'metzo di kommoonikatsee'ohneh*]
office	ufficio [*oo'feecheeyoh*]
order	ordine [*'ordineh*]
mail order	vendita per corrispondenza [*'venditah pehr korrispon'dentsah*]
phone order	vendita telefonica [*'venditah tele'foneekah*]

48

part-time	orario ridotto [*or'ahreeyoh ri'dottoh*]
patent	brevetto [*bre'vettoh*]
pay increase	aumento di stipendio [*ow'mentoh di stip'endeeyoh*]
personnel department	ufficio del personale [*oo'feecheeyoh del person'ahleh*]
personnel manager	capo del personale ['*kahpoh del peyrson'ahleh*]
plant	stabilimento [*stabili'mentoh*]
price	prezzo ['*pretsoh*]
cost price	prezzo di costo ['*pretsoh di 'kostoh*]
sale price	prezzo di vendita ['*pretsoh di 'venditah*]
product	prodotto [*pro'dottoh*]
promotion	promozione [*promotsee'oneh*]
purchase	acquisto [*ak'wistoh*]
retailer	dettagliante [*detta'lyanteh*]
salary	stipendio [*sti'pendeeyoh*]
sale	vendita ['*venditah*]
retail sale	vendita al dettaglio ['*venditah al dett'alyoh*]
sales campaign	campagna di vendita [*kam'panyah di 'venditah*]
wholesale	vendita all'ingrosso ['*venditah alin'grossoh*]
school certificate	diploma [*di'plomah*]
shareholder, stockholder	azionista [*atseeyoh'neestah*]
share	azione [*atsee'yohneh*]
shift	turno di lavoro ['*toornoh di lav'oroh*]
tax, duty	tassa, tasse ['*tassah, 'tasseh*]
trade-union	sindacato [*sinda'kahtoh*]
transfer	trasferimento [*trasferi'mentoh*]
turnover	fatturato [*fattoor'ahtoh*]
VAT	IVA ['*eevah*]

wholesaler	grossista [*gross'eestah*]
worker	lavoratore [*lavora'tohreh*]
work-hours	orario di lavoro [*or'ahreeyoh di lav'oroh*]

The agreement has effect from January 1st, 1992 to December 31st 1993

L'accordo è valido dal 1° gennaio 1992 al 31 Dicembre 1993 [*lakk'ordoh eh 'vahlidoh dal 'preemoh jenn'aiyoh 'meeleh 'noveh 'chentoh no'vantah 'dooeh al trent'oonoh di'chembreh 'meeleh 'noveh 'chentoh no'vantah treh*]

You have struck a good deal

Lei ha fatto un buon affare [*leh a 'fattoh oon bwon aff'ahreh*]

We have twenty agents in England and ten abroad

Abbiamo venti agenti in Inghilterra e dieci all'estero [*abbee'ahmoh 'venti a'dgenti in inghil'terrah eh di'eychi al'esteroh*]

We're looking for an agent with many contacts in this business

Cerchiamo un agente ben introdotto in questo settore [*cherkee'ahmoh oon adgenteh ben intro'dottoh in 'kwesto sett'ohreh*]

I'd like to take out an insurance

Vorrei stipulare un'assicurazione [*vorr'eh stipoo'lahreh oon assikooratsee'ohneh*]

Competition is very keen in this field

La concorrenza è molto forte in questo settore [*lah konkorr'entsah eh 'moltoh 'forteh in 'kwestoh sett'ohreh*]

Customers are always right

Il cliente ha sempre ragione [*eel clee'enteh a 'sempreh radgee'ohneh*]

The customer has placed a good order

Il cliente ha fatto un buon ordine [*eel clee'enteh a 'fattoh oon bwon 'ordineh*]

I wish to make a job application	Vorrei fare domanda di assunzione
[*vorr'eh 'fahreh do'mandah di assuntsee'ohneh*]
I have sent my curriculum vitae	Ho spedito il mio curriculum vitae
[*oh sped'eetoh eel 'meeyoh koo'rikoolum 'veeteh*]
I have a five-year experience in this field	Ho cinque anni di esperienza nel settore
[*oh 'chinkweh 'anni di esperee'entsah nel sett'ohreh*]
Where are your firm's head-offices located?	Dove ha sede la vostra azienda?
[*'dohveh a 'sehdeh lah 'vostrah atsee'endah*]

Economia e politica [ekono'meeyah eh po'litikah]

ad page	pagina economica ['padginah ekono'mikah]
agriculture	agricoltura [agrikol'toorah]
army	esercito [e'serchitoh]
balance	bilancio consuntivo [bi'lancheeoh konsoon'teevoh]
ballot	voto ['vohtoh]
border	confine [kon'feeneh]
budget	bilancio preventivo [bi'lancheeoh preyven'teevoh]
chamber of commerce	camera di commercio ['kamehrah di komm'ehrcheeyoh]
chamber of deputies	camera dei deputati ['kamehrah deh depoo'tahti]
chamber of senators	camera dei senatori ['kamehrah deh sena'tori]
church	chiesa [kee'yehzah]
coalition	coalizione [koalitsee'ohneh]
confederation	confederazione [konfederatsee'ohneh]
conservative, Tory	conservatore [konserva'tohreh]
constitutional court	corte costituzionale ['korteh kostitootseeon'ahleh]
country	patria ['patreeyah]
democracy	democrazia [democrats'eeyah]
depression	depressione [depressee'ohneh]
deputy, member of parliament	deputato [depoo'tahtoh]
dictatorship	dittatura [ditta'toorah]
domestic market	mercato interno [mer'kahtoh in'tehrnoh]
economy	economia [ekono'meeyah]
elections	elezioni [eletsee'ohni]

emperor	imperatore [*impera'tohreh*]
empire	impero [*im'pehroh*]
European Community	Comunità europea [*komooni'tah eyooro'peyah*]
European parlament	Parlamento europeo [*parla'mentoh eyooroh'peyoh*]
foreign market	mercato estero [*mer'kahto 'estehroh*]
government	governo [*gov'ehrnoh*]
gross national product	prodotto interno lordo [*pro'dotto in'tehrnoh 'lordoh*]
income	reddito [*'redditoh*]
increase	rincaro [*rin'kahroh*]
industry	industria [*in'doostreeyah*]
investment	investimento [*investi'mentoh*]
king	re [*'reh*]
kingdom	regno [*'rehnyoh*]
law	legge [*'ledgeh*]
left	sinistra [*sin'eestrah*]
liability	passività [*passivi'tah*]
liberalism	liberalismo [*liberal'eesmoh*]
majority	maggioranza [*madgeeho'rantsah*]
minister	ministro [*mi'neestroh*]
ministry	ministero [*minis'tehroh*]
minority	minoranza [*minor'antsah*]
monarchy	monarchia [*monar'keeyah*]
constitutional monarchy	monarchia costituzionale [*monar'keeyah kostitootseeon'ahleh*]
nation	nazione [*natsee'ohneh*]
navy	marina [*ma'reenah*]
neighbouring country	paese confinante [*pa'yehseh konfin'anteh*]
of age	maggiorenne [*madgeeho'renneh*]
opposition	opposizione [*opposzitsee'ohneh*]

parliament	parlamento [parla'mentoh]
parliamentary, member of parliament	parlamentare [parlamen'tahreh]
party	partito [par'teetoh]
people	popolo ['popoloh]
political life	vita politica ['veetah pol'itikah]
politics, policy	politica [pol'itikah]
domestic policy	politica interna [pol'itikah in'tehrnah]
foreign policy	politica estera [pol'itikah 'esterah]
prefect	prefetto [pre'fettoh]
president	presidente [presi'denteh]
prime minister	primo ministro ['preemoh min'eestroh]
production	produzione [produtsee'ohneh]
progressist	progressista [progress'eestah]
province	provincia [pro'vincheeyah]
queen	regina [redg'eenah]
rate	tasso ['tassoh]
recession	recessione [rechessee'ohneh]
referendum	referendum [refer'endum]
reform	riforma [ri'formah]
region	regione [redgee'ohneh]
regulation	regolamento [regola'mentoh]
republic	repubblica [re'pooblikah]
federal republic	repubblica federale [re'pooblikah feder'ahleh]
presidential republic	repubblica presidenziale [re'pooblikah presidentsee'ahleh]
right of vote	diritto di voto [dir'ittoh di 'votoh]
right, law	diritto [dir'ittoh]
right	destra ['destrah]
senate	senato [sen'ahtoh]
senator	senatore [sena'tohreh]
services	servizi [ser'vitsi]
society	società [socheeyey'tah]
state	stato ['stahtoh]

tax	tassa [*'tassah*]
tertiary	terziario [*tertsee'ahreeyoh*]
townhall	municipio [*mooni'chippyoh*]
trade	commercio [*komm'ehrcheeyoh*]
treaty	trattato [*tratt'ahtoh*]
unemployed	disoccupato [*dizokkoo'pahtoh*]
unemployment	disoccupazione [*dizokkoopatsee'oneh*]
voter	elettore [*elett'ohreh*]
world	mondo [*'mondoh*]

The bill has been enacted	La legge è stata approvata [*lah 'ledgeh eh 'stahtah appro'vahtah*]
There is a recession	C'è la recessione [*cheh lah rechessee'ohneh*]
The elections are to be held in September	Le elezioni si terranno in settembre [*leh eletsee'oni si terr'annoh in sett'embreh*]
The government is weak	Il governo è debole [*eel go'vehrnoh eh 'dehboleh*]
Investments have increased	Gli investimenti sono aumentati [*lyee investi'menti sohnoh owmen'tahti*]
Income increased last year	Il reddito è aumentato nell'ultimo anno [*eel 'redditoh eh owmen'tahtoh nell 'ooltimoh annoh*]
Reforms are pressing	Le riforme sono urgenti [*leh ri'formeh sohnoh oor'dgenti*]

Servizi di emergenza [ser'vitsee di emer'jentsah]

EMBASSY AND CONSULATE

Ambasciata e consolato [amba'shahtah eh konso'lahtoh]

accident	incidente [inchee'denteh]
ambassador	ambasciatore [ambashah'tohreh]
consul	console ['konsoleh]
consulate	consolato [konsol'ahtoh]
driver's licence	patente di guida [pa'tenteh di 'gweedah]
embassy	ambasciata [amba'shahtah]
identity card	carta d'identità ['kahrtah didenti'tah]
loss	smarrimento [smarri'mentoh]
papers	documenti [dokoo'menti]
passport	passaporto [passa'portoh]

Can you tell me where is the English embassy / consulate, please?

Può dirmi dove si trova l'ambasciata / il consolato inglese, per favore? [pwoh 'deehrmi 'doveh si 'trohvah lamba'shahtah / eel konsol'ahtoh ingleyzeh, pehr fav'oreh?]

Can you give me the phone number of the English consulate?

Può darmi il numero telefonico del consolato inglese? [pwoh dahrmi eel 'noomeroh tele'fonikoh del konsol'ahtoh ingleyzeh?]

Can you take me to the English embassy / consulate?

Può accompagnarmi all'ambasciata / al consolato inglese? [pwoh akkompan'yahrmi alamba'shahtah / al konsol'ahtoh ingleyzeh?]

I've lost my passport. Can you call the English consulate for me, please?	Ho smarrito il passaporto. Può telefonare al consolato inglese? [*oh smarr'eetoh eel passa'portoh. pwoh telefon'ahreh al konsol'ahtoh ingleyzeh?*]
My car and all my papers have been stolen	Mi hanno rubato l'auto e tutti i documenti [*mi 'annoh roo'bahtoh 'lowtoh eh 'tooti ee dokoo'menti*]

CHEMIST'S SHOP
Farmacia [*farma'cheeyah*]

alcohol	alcool [*'alkol*]
analgesic	analgesico [*anal'jesikoh*]
antibiotic	antibiotico [*antibi'ottikoh*]
aspirin	aspirina [*aspi'reenah*]
bandage	benda [*'bendah*]
cardiotonic	cardiotonico [*kardeeyo'tonikoh*]
condom	preservativo [*preserva'teevoh*]
cotton-wool	cotone idrofilo [*kot'oneh ee'drofiloh*]
disinfectant	disinfettante [*disinfett'anteh*]
drug	medicina [*medi'cheenah*]
eye-drops	collirio [*koll'eeryo*]
gauze	garza [*'garzah*]
herbal tea	tisana [*tee'zanah*]
iodine	tintura di iodio [*tin'toorah di ee'yodeeyoh*]
laxative	lassativo [*lassa'teevoh*]
mouth-wash	colluttorio [*kolloo'tohreeyoh*]

nappies	pannolini [*pannoh'leeni*]
ointment	pomata [*pom'ahtah*]
penicillin	penicillina [*penichill'eenah*]
pill	pillola [*'pillohlah*]
birth-control pill	pillola anticoncezionale [*'pillohlah antikonchetseeyon'ahleh*]
plaster	cerotto [*cher'ottoh*]
powder milk	latte in polvere [*'latteh in 'polvereh*]
prescription	ricetta medica [*ri'chettah 'medikah*]
purgative	purgante [*poor'ganteh*]
sanitary towels	assorbenti [*assor'benti*]
sedative	calmante [*kal'manteh*]
sleeping pills	sonnifero [*sonn'iferoh*]
suppository	supposta [*soo'postah*]
syringe	siringa [*sir'inghah*]
syrup	sciroppo [*shi'roppoh*]
tablet	compressa, pastiglia [*kom'pressah, past'eelyah*]
tampon	tampone [*tam'poneh*]
tampons	assorbenti interni [*assor'benti in'tehrni*]
thermometer	termometro [*ter'mometroh*]
tooth-paste	dentifricio [*denti'fritcheeyoh*]
tube	tubetto [*too'bettoh*]
use	uso [*'oozoh*]
for external use	uso esterno [*'oozoh es'tehrnoh*]
for internal use	uso interno [*'oozoh in'tehrnoh*]
vaseline	vaselina [*vahzeh'leenah*]
vial	fiala [*fee'yalah*]
vitamin	vitamina [*vita'meenah*]
Which chemist's shop is open at this time?	Qual è la farmacia di turno? [*kwal eh lah farma'cheeyah di 'toornoh?*]

Can you tell me which chemist's shop is on night-duty?	Sa dirmi quale farmacia fa servizio notturno? [*sa 'deehrmi 'kwaleh farma'cheeyah fa ser'vitseeyoh no'ttoornoh?*]
I would like something for:	Vorrei qualcosa contro: [*vorr'eh kwal'kohsah 'kontroh:*]
a cold	il raffreddore [*eel raffredd'oreh*]
a sore throat	il mal di gola [*eel mal di 'golah*]
burns	le scottature [*leh skotta'tooreh*]
constipation	la stitichezza [*lah stitee'ketsah*]
cough	la tosse [*lah 'tosseh*]
diarrhoea	la diarrea [*lah deeahr'eyah*]
headache	il mal di testa [*eel mal di 'testah*]
insect bites	le punture di insetti [*leh pun'tooreh di in'setti*]
menstrual cramps	i dolori mestruali [*ee do'lori mestroo'ahli*]
motion sickness	il mal d'auto [*eel mal 'dowtoh*]
queasiness	la nausea [*lah 'nowseyah*]
sleeplessness	l'insonnia [*lin'sonnyah*]
toothache	il mal di denti [*eel mal di 'denti*]
How many tablets a day should I take?	Quante pastiglie al giorno devo prendere? [*'kwanteh pas'teelyeh al 'jornoh 'dehvoh 'prendereh?*]
Before or after meals?	Prima o dopo i pasti? [*'preemah oh 'dopoh ee 'pasti?*]
Should I take it on an empty stomach?	Devo prenderle a stomaco vuoto? [*'dehvoh 'prenderleh a 'stomakkoh 'vwotoh?*]

INDICATIONS ON MEDICINES
Indicazioni sui farmaci [*indikatsee'yoni 'sooi 'farmachi*]

Read the indications carefully	Leggere attentamente le avvertenze [*'ledgereh attenta'menteh leh avvert'entseh*]

| For external use only | Solo per uso esterno |
| | [_'soloh pehr 'oozoh es'tehrno_] |

| Store away from light or heat | Non esporre alla luce o a fonti di calore |
| | [_non'es'porreh 'allah 'loocheh oh a 'fonti di kal'oreh_] |

| Keep out of the reach of children | Tenere fuori dalla portata dei bambini |
| | [_ten'ereh 'fwori 'dallah por'tahtah deh bam'beeni_] |

| Suggested use: adults one tablet thrice a day after meals; children: half a tablet twice a day after meals | Posologia: adulti: una compressa tre volte al dì dopo i pasti; bambini: mezza compressa due volte al dì dopo i pasti |
| | [_posolo'dgeeyah: a'doolti: 'oonah kom'pressah treh 'volteh al di 'dopoh ee 'pasti; bam'beeni: 'medzah kom'pressah dooeh 'volteh al di 'dopoh ee 'pasti_] |

| Suggested dose: adults: from two to four spoonful a day; children and pregnant women: one or two spoonful a day | Dosi consigliate: adulti: da due a quattro cucchiai al giorno; bambini e donne incinte: uno o due cucchiai al giorno |
| | [_'dozi konseel'yahteh: a'doolti: dah dooeh a kwatroh kook'yai al 'jornoh; bam'beeni eh 'donneh in'chinteh:'oonoh oh 'dooeh kook'yai al 'jornoh_] |

| Shake well before use | Agitare prima dell'uso |
| | [_adgi'tahreh 'preemah dell'oozoh_] |

| Expiration date: ... | Scade il ... [_'skahdeh eel ..._] |

HOSPITAL

Ospedale [_ospe'dahleh_]

| **allergy** | allergia [_aller'djeeyah_] |
| **ambulance** | ambulanza [_amboo'lantsah_] |

anaesthesia	anestesia [*anesteh'zeeyah*]
general anaesthesia	anestesia totale [*anesteh'zeeyah to'tahleh*]
local anaesthesia	anestesia locale [*anesteh'zeeyah lo'kahleh*]
spinal anaesthesia	anestesia spinale [*anesteh'zeeyah spin'ahleh*]
appendicitis	appendicite [*appendi'cheeteh*]
asthma	asma [*'azmah*]
bandage	benda [*'bendah*]
bed	letto [*'lettoh*]
blood test	prelievo del sangue [*prelli'yehvoh del 'sangweh*]
brain concussion	commozione cerebrale [*kommotsee'oneh chereh'brahleh*]
bronchitis	bronchite [*bron'keeteh*]
bronchopneumonia	broncopolmonite [*bronkopolmo'neeteh*]
bruise	contusione [*kontoo'zeeyoneh*]
burn	ustione [*oostee'yoneh*]
cardiologist	cardiologo [*kardee'ologoh*]
casualty ward, first-aid post	pronto soccorso [*'prontoh sok'orsoh*]
certificate	certificato [*chertifi'kahtoh*]
clinic	clinica [*'klinikah*]
colic	colica [*'kolikah*]
coma	coma [*'kohmah*]
consulting room	ambulatorio [*amboola'toreeyoh*]
contagion	contagio [*kon'tahdgeeho*]
convalescence	convalescenza [*konvalesh'entsah*]
cramps	crampi [*'krampi*]
crisis	crisi [*'kreezi*]
delivery	parto [*'partoh*]
dermatologist	dermatologo [*derma'tologoh*]
diabetes	diabete [*deeha'behteh*]
diagnosis	diagnosi [*dee'anyozi*]
diarrhoea	diarrea [*deeahr'eyah*]
disease	malattia [*mala'teeyah*]

61

contagious disease	malattia contagiosa [*mala'teeyah kontadgee'yosah*]
infectious disease	malattia infettiva [*mala'teeyah infett'eevah*]
disinfectant	disinfettante [*disinfett'anteh*]
dizziness	giramento di testa [*jeera'mentoh di 'testah*]
doctor	medico [*'medikoh*]
epidemics	epidemia [*epidem'eeyah*]
eye doctor	oculista [*okool'eestah*]
fainting	svenimento [*sveni'mentoh*]
fever	febbre [*'febreh*]
flu	influenza [*influ'entsah*]
food poisoning	intossicazione [*intossikatsee'oneh*]
fracture	frattura [*frat'oorah*]
gynaecologist	ginecologo [*jeeneh'kologoh*]
haematoma, bruise	ematoma [*ehma'tohmah*]
haemorrage, bleeding	emorragia [*emoradg'eehah*]
heart attack	infarto [*in'fahrtoh*]
hospital	ospedale [*osped'ahleh*]
indigestion	indigestione [*indijestee'ohneh*]
infection	infezione [*infetsee'yoneh*]
injection	iniezione [*iniyetsee'oneh*]
insect bite	puntura d'insetto [*pun'toorah din'settoh*]
internist	internista [*intern'eestah*]
laboratory	laboratorio [*labora'toreeyoh*]
labour	doglie [*'dolyeh*]
lesion	lesione [*lezee'yoneh*]
medicine	medicina [*medi'cheenah*]
midwife	ostetrica [*os'tetrikah*]
neuralgia	nevralgia [*nevral'jeeyah*]

nurse	infermiere [*infer'meeyehreh*]
operating theatre	sala operatoria [*'sahlah opera'toreeyah*]
operation	operazione [*operatsee'oneh*]
otolaryngologist	otorinolaringoiatra [*otoreenolaringo'yatrah*]
pain	dolore [*dol'oreh*]
patient	malato [*mal'ahtoh*]
pediatrician, children's doctor	pediatra [*pedi'yatrah*]
to plaster	ingessare [*injess'ahreh*]
resuscitation room	sala di rianimazione [*'sahlah di reeanimatsee'oneh*]
seizure	crisi epilettica [*'kreezi epi'lettikah*]
sprain	strappo muscolare [*'strappoh moosko'lahreh*]
stretcher	lettiga [*lett'eegah*]
surgeon	chirurgo [*ki'roorgoh*]
suture	punti [*'poonti*]
swelling	gonfiore [*gonfee'yohreh*]
therapy	terapia [*tera'peeyah*]
intensive therapy	terapia intensiva [*tera'peeyah inten'seevah*]
thermometer	termometro [*ter'momehtroh*]
transfusion	trasfusione [*trasfoozee'oneh*]
treatment	cura [*'koorah*]
urine	urina [*oo'reenah*]
urologist	urologo [*oor'ologoh*]
vaccination	vaccinazione [*vachinatsee'oneh*]
antitetanus vaccination	vaccinazione antitetanica [*vachinatsee'oneh antitet'anikah*]
visiting hours	orario di visita [*oh'rahreeyoh di 'visitah*]

63

vomit	vomito [*'vomitoh*]
waiting room	sala d'aspetto [*'sahlah das'pettoh*]
ward	reparto [*re'partoh*]
withdrawal	crisi di astinenza [*'kreezi di asti'nentsah*]
wound	ferita [*fer'eetah*]
x-rays	radiografia [*radeeyogra'feehah*]

Call an ambulance, quick!	Chiamate subito un'ambulanza! [*keeya'mahteh 'soobitoh oon amboo'lantsah!*]
Call a doctor right away!	Chiamate subito un medico! [*keeya'mahteh 'soobitoh oon 'medikoh!*]
Where is the hospital?	Dove si trova l'ospedale? [*'doveh si trohvah losped'ahleh?*]
Where is the emergency / casualty ward?	Dov'è il pronto soccorso? [*doveh eel 'prontoh sok'orsoh?*]
I feel sick, please call a doctor	Mi sento male, chiamate un medico [*mi 'sentoh 'mahleh, keeyha'mahteh oon 'medikoh*]
I feel a sharp pain here	Ho dei forti dolori qui [*oh deh 'forteh do'lori kwee*]
I feel dizzy	Mi gira la testa [*mi 'jeerah lah 'testah*]
I have fainted	Ho avuto uno svenimento [*oh av'ootoh 'oonoh sveni'mentoh*]

A filling has come out	Ho perso l'otturazione di un dente [oh 'persoh lottooratsee'oneh di oon 'denteh]
I've broken my (dental) prosthesis. Can you fix it?	Ho rotto la protesi. Potete ripararmela? [oh 'rottoh lah 'protehzi. po'tehteh ripar'ahmehlah?]
I'd like to have my blood pressure taken	Mi misuri la pressione [mi mi'zoori lah pressi'oneh]
I've got high temperature	Ho la febbre alta [oh lah 'febbreh 'altah]
I soffer from diabetes / heart disease / hypertension	Sono diabetico / cardiopatico / iperteso ['sohnoh deeya'betikoh / kardeeyo'patikoh / eeper'tehzoh]
I'm allergic to ...	Sono allergico a ... ['sohnoh all'ehrjeekoh a ...]
Do I need to be hospitalized?	Devo ricoverarmi? ['dehvoh rikover'ahrmi'?]
I'm taking this medicine	Sto prendendo questa medicina [stoh 'pren'dendoh 'kwestah medi'cheenah]
It has happened before	Mi è successo altre volte [mi eh soo'chessoh 'altreh 'volteh]
Can I travel?	Posso continuare il viaggio? ['possoh kontinoo'ahreh eel vee'yadgeeyoh?]
Can I drive?	Posso guidare? ['possoh gwee'dahreh?]
When can I resume my travelling?	Quando potrò riprendere il viaggio? ['kwandoh pot'roh ri'prendereh eel vee'yadgeeyoh'?]

Should I take some precautions?	Devo prendere qualche precauzione? ['dehvoh 'prendereh 'kwalkay prekowtsee'oneh'?]
For how many days should I take these tablets?	Per quanti giorni devo prendere queste pastiglie? [pehr 'kwanti 'jorni 'dehvoh 'prendereh 'kwesteh past'eelyeh?]
When can I remove the bandages?	Fra quanti giorni posso togliere la fasciatura? [fra 'kwanti 'jorni 'possoh 'tolyereh la fasha'toorah?]

DOCTOR'S QUESTIONS
Domande del medico [do'mandeh del 'medikoh]

Where does it hurt?	Dove le fa male? ['doveh leh fah 'mahleh?]
What have you eaten?	Che cosa ha mangiato? [kay 'kohzah a man'jahtoh?]
Has it happened before?	Le è successo altre volte? [leh eh soo'chessoh 'altreh 'volteh?]
It's not serious	Non è grave [non eh 'grahveh]
You must go to the hospital / you must be hospitalized	Deve ricoverarsi ['dehveh rikohver'ahrsi]
You must stay in bed	Deve rimanere a letto ['dehveh riman'ehreh a 'lettoh]
You need a blood test / x-rays	Bisogna fare un prelievo / una radiografia [bi'zonyah 'fahreh oon prelli'yevoh / 'oonah radeeyograf'eeyah]

You must take these medicines	Deve prendere questi farmaci ['dehveh 'prendereh 'kwesti 'farmachi]

POLICE
Polizia [polits'eeyah]

accident	incidente [inchi'denteh]
arrest	arresto [arr'estoh]
bag-snatching	scippo ['shippoh]
charge	denuncia [de'noonchah]
court	tribunale [triboo'nahleh]
detention	detenzione [detentsee'oneh]
identity card	carta d'identità ['kahrta didenti'tah]
interpreter	interprete [in'terpreteh]
judge	giudice ['joodicheh]
kidnapping	sequestro [sek'westroh]
law	diritto [dir'ittoh]
lawyer	avvocato [avo'kahtoh]
loss	smarrimento [smarri'mentoh]
passport	passaporto [passa'portoh]
police	polizia [polit'seeyah]
police officer	poliziotto [politsee'ottoh]
police station	commissariato di polizia [kommissahree'ahtoh di polits'eeyah]
prison, gaol, jail	prigione [pridgee'oneh]
rape	stupro ['stooproh]
report	denuncia [deh'noonchah]
to report	denunciare [dehnoon'chahreh]
right	diritto [dir'ittoh]

robbery	rapina [ra'peenah]
to steal	rubare [roo'bahreh]
theft	furto ['foortoh]
thief	ladro ['ladroh]
Call the police!	Chiamate la polizia! [keeya'mahteh lah polits'eeyah!]
Where is the nearest police station?	Dove si trova il posto di polizia più vicino? ['doveh si 'trohvah eel 'postoh di polits'eeyah pew vi'cheenoh?]
Can you take me to the police, please?	Può accompagnami alla polizia, per favore? [pwoh akkompan'yahrmi 'allah polits'eeyah, pehr fav'oreh?]
I've lost / someone has stolen:	Ho smarrito / mi hanno portato via: [oh sma'reetoh / mi 'annoh por'tahtoh 'veeyah:]
my wallet	il portafoglio [eel porta'folyoh]
my passport	il passaporto [eel passa'portoh]
my luggage	i bagagli [ee bag'alyi]
my handbag	la borsetta [lah bor'settah]
my driver's licence	la patente [lah pa'tenteh]
my identity card	la carta d'identità [lah 'kahrtah didenti'tah]
my traveller's cheques	i traveller's cheques [ee traveller's cheques]
my papers	i documenti [ee dokoo'menti]
my credit card	la carta di credito [lah kahrtah di 'kreditoh]
my car keys / my house keys	le chiavi dell'auto / le chiavi di casa [leh keey'ahvi dell'owtoh / leh keey'ahvi di 'kahzah]

my camera / my videocamera	la macchina fotografica / la telecamera [*lah 'makinah foto'grafikah / lah tele'kamerah*]
my car / motorbike / bike	l'automobile / la moto / la bicicletta [*lowtoh'mobileh / lah 'mohtoh / la bichi'klettah*]

La casa [*lah 'kahzah*]

TO LIVE IN
Abitare [*abi'tahreh*]

area	zona [*'zohnah*]
central area	zona centrale [*'zohnah chen'trahleh*]
residential area	zona residenziale
	[*'zohnah rezidentsee'yahleh*]
suburban area	zona periferica
	[*'zohnah peri'ferikah*]
basement	piano seminterrato
	[*pee'yahnoh semintehr'ahtoh*]
block	isolato [*eezo'lahtoh*]
centre	centro [*'chentroh*]
housing estate	centro residenziale
	[*'chentroh rezidentsee'yahleh*]
shopping centre	centro commerciale
	[*'chentroh kommerchee'yahleh*]
cottage	villa [*'villah*]
district	quartiere [*kwartee'yehreh*]
flat	appartamento [*apparta'mentoh*]
one-room flat	monolocale [*monolo'kahleh*]
garage	garage [*ga'raj*]
garden	giardino [*jar'deenoh*]
flat-block garden	giardino condominiale
	[*jar'deenoh kondomin'yahleh*]
private garden	giardino privato
	[*jar'deenoh pri'vahto*]
house, home	casa [*'kahzah*]
one-family home	casa unifamiliare
	[*'kahzah oonifamil'yahreh*]
row house	casa a schiera [*'kahzàh a skee'yerah*]

jointly-owned flat block	condominio [*kondom'inyoh*]
lift	ascensore [*ashen'sohreh*]
to live	abitare [*abi'tahreh*]
neighbours	vicini di casa [*vi'cheeni di 'kahzah*]
owner	proprietario [*propreehet'ahreeyoh*]
park	parco [*'parkoh*]
pavement, kerb	marciapiede [*marchapee'yehdeh*]
penthouse	attico [*'attikoh*]
private parking	parcheggio privato [*park'edgeeyoh pri'vahtoh*]
public transport	mezzi pubblici di trasporto [*'medzee 'pooblichi di tras'portoh*]
rent	affitto [*aff'itoh*]
to rent	abitare in affitto [*abi'tahreh in aff'ittoh*]
services	servizi [*ser'vitsi*]
storey, floor	piano [*pee'yahnoh*]
ground-floor	piano terra [*pee'yahnoh 'terrah*]
first floor	primo piano [*'preemo pee'yahnoh*]
studio apartment	miniappartamento [*miniapparta'mentoh*]
suburbs	periferia [*perifer'eeyah*]
surface	superficie [*sooper'ficheeyeh*]
tenant	inquilino [*inkwil'eenoh*]

ROOMS

Le stanze [*leh 'stantseh*]

attic	mansarda [*man'sahrdah*]
balcony	balcone [*bal'koneh*]

bath-tub	vasca da bagno [*'vaskah da 'banyo*]
bathroom	bagno [*'banyo*]
bedroom	camera da letto [*'kamerah da 'lettoh*]
ceiling	soffitto [*soff'eetoh*]
cellar	cantina [*kan'teenah*]
closet	ripostiglio [*ripost'eelyoh*]
den	taverna [*tav'ehrnah*]
dining-room	sala da pranzo [*'sahlah da 'prantsoh*]
door	porta [*'portah*]
entrance	ingresso [*in'gressoh*]
entrance hall	anticamera [*anti'kamerah*]
fireplace	caminetto [*kamin'ettoh*]
floor	pavimento [*pavi'mentoh*]
tile floor	pavimento in piastrelle [*pavi'mentoh een peeyas'trelleh*]
wall-to-wall carpeting	pavimento con moquette [*pavi'mentoh kon mo'keht*]
wood floor	pavimento in legno [*pavi'mentoh een 'lenyoh*]
French window	portafinestra [*portafin'estrah*]
front door	portone [*por'toneh*]
garage	garage [*ga'raj*]
hallway, corridor	corridoio [*korri'doyoh*]
kitchen	cucina [*koo'cheenah*]
ladder	scala [*'skahlah*]
living-room	soggiorno [*soh'jornoh*]
parlour	salotto [*sal'ottoh*]
room	sala, stanza [*'sahlah, 'stantsah*]
shower	doccia [*'dotchah*]
sink	lavandino [*lavan'deenoh*]

small room	cameretta [kamer'ettah]
stairs	scale ['skahleh]
study room	studio ['stoodeeyoh]
terrace	terrazza [terr'atsah]
veranda	veranda [ver'andah]
wall	parete [par'ehteh]
wardrobe	guardaroba [gwahrda'robah]
window	finestra [fin'estrah]

FURNISHINGS
Arredamento [arreda'mentoh]

armchair	poltrona [pol'tronah]
ashtray	portacenere [porta'chehnereh]
bed	letto ['lettoh]
book-case	libreria [leebrer'eehah]
bulb	lampadina [lampa'deenah]
carpet	tappeto [tapp'ehtoh]
chair	sedia ['sehdeeyah]
chandelier	lampadario [lampa'dahreeyoh]
chest of drawers	cassettiera [kassettee'yehrah]
coathanger	appendiabiti [appendi'ahbiti]
couch	divano [di'vahnoh]
drawer	cassetto [ka'ssettoh]
flower pot	vaso da fiori ['vazoh da fee'yoree]
frame	cornice (di quadro) [kor'neecheh di 'kwadroh]
furniture	arredamento [arreda'mentoh]
antique furniture	arredamento in stile [arreda'mentoh in 'steeleh]
modern furniture	arredamento moderno [arreda'mentoh mod'ehrnoh]

73

rustic furniture	arredamento rustico [arreda'mentoh 'roostikoh]
furniture	mobili ['mobeelee]
classic-style furniture	mobile in stile ['mobeeleh in 'steeleh]
corner cabinet	mobile ad angolo ['mobeeleh ad 'angolo]
modern piece of furniture	mobile moderno ['mobeeleh mo'dehrnoh]
lamp, light	lampada ['lampadah]
halogenous lamp	lampada alogena ['lampadah a'lodgenah]
incandescent lamp	lampada a luce incandescente ['lampadah a 'loocheh inkandesh'enteh]
table-lamp, reading lamp	lampada da tavolo ['lampadah da 'tahvoloh]
mirror	specchio ['spekkyoh]
ornament, knick-knack	soprammobile [soprah'mobeeleh]
photograph holder	portafotografia [portafotogra'feeyah]
picture	quadro ['kwadroh]
piece of furniture	mobile ['mobeeleh]
shelf, rack	ripiano, mensola [ripee'yanoh, 'mensohlah]
shoe-rack	scarpiera [skarpee'yehrah]
small table	tavolino [tavo'leenoh]
stool	sgabello [sga'belloh]
table	tavolo ['tahvoloh]
tray	vassoio [vass'oyoh]
umbrella-stand	portaombrelli [portaom'brelli]
vase	vaso ['vazoh]
wardrobe, closet	armadio [ar'mahdeehoh]

74

HOME APPLIANCES AND ARTICLES
Elettrodomestici e oggetti per la casa
[*elettrodo'mestichi eh odg'etti peyr lah 'kahzah*]

burners	fornelli [*for'nelli*]
carpet-beater	battitappeto [*battitapp'ehtoh*]
citrus-fruit squeezer	spremiagrumi [*sprehmeeyah'groomi*]
coffee-grinder	macinacaffè [*macheenahka'ffeh*]
coffee-maker	macchina per il caffè [*'makinah pehr eel ka'ffeh*]
coffee pot	caffettiera [*kaffettee'yehrah*]
cutlery	posate [*po'zahteh*]
dish-cloth	strofinaccio da cucina [*strofin'acheeyoh dah koo'cheenah*]
dish-washer	lavastoviglie [*lavasto'veelyeh*]
dryer	essiccatore [*essika'tohreh*]
freezer	congelatore [*konjela'tohreh*]
glass	bicchiere [*bikki'yehreh*]
hoover, vacuum cleaner	aspirapolvere [*aspeera'polvereh*]
iron	ferro da stiro [*'ferroh da 'steeroh*]
ironing board	tavola da stiro [*'tahvoloh dah 'steeroh*]
mincer	tritatutto [*treetah'tootoh*]
mixer	frullatore [*froola'tohreh*]
pan	padella [*pa'dellah*]
plate, dish	piatto [*pee'yattoh*]
pot	pentola [*'pentohlah*]
pressure-cooker	pentola a pressione [*'pentohlah a presh'eeyoneh*]
range, stove	cucina [*koo'cheenah*]
refrigerator	frigorifero [*freegor'iferoh*]

sewing machine	macchina per cucire [*'makinah pehr koo'cheereh*]
tablecloth	tovaglia [*to'valyah*]
rectangular tablecloth	tovaglia rettangolare [*to'valyah rettangol'ahreh*]
round tablecloth	tovaglia rotonda [*to'valyah ro'tondah*]
square tablecloth	tovaglia quadrata [*to'valyah kwad'rahtah*]
tablecloth with 6 / 8 / 12 napkins	tovaglia con 6 / 8 / 12 tovaglioli [*to'valyah kon sey / 'ottoh / 'dodichi toval'yoli*]
washing machine	lavatrice [*lava'treecheh*]

LOOKING FOR A FLAT OR A HOUSE TO RENT
Cercare casa in affitto [*cher'kahreh 'kahzah in a'ffittoh*]

I would like to rent a flat with two rooms and bath	Vorrei affittare un appartamento con due camere e servizi [*vorr'eh affi'tareh oon aparta'mentoh kon 'dooeh 'kamereh eh ser'vitsi*]
I would like to rent a furnished studio apartment for three months	Vorrei affittare un miniappartamento ammobiliato per tre mesi [*vorr'eh affi'tareh oon miniaparta'mentoh ammobil'yatoh pehr treh 'meyzi*]
I would like to rent a room with use of kitchen	Mi serve una stanza con uso cucina [*mi 'serveh 'oonah 'stantsah kon 'oosoh koo'cheenah*]
I would like a well-lit / quiet / roomy / small flat	Vorrei un appartamento luminoso / silenzioso / grande / piccolo [*vorr'eh oon aparta'mentoh loomin'ohzoh / silentseeyozo / 'grandeh / 'pikkoloh*]

I'm looking for a house to rent in the centre / in a well-served area	Cerco una casa in affitto vicino al centro / in una zona ben servita [*'cherkoh 'oonah 'kahzah in a'ffittoh vicino al 'chentroh / in 'oonah zonah ben ser'veetah*]
May I see the flat / the room?	Posso vedere l'appartamento / la stanza? [*'possoh ve'dehreh laparta'mentoh / lah 'stantsah?*]
On which floor is the flat?	A che piano si trova l'appartamento? [*a keh pee'yanoh si 'trohvah laparta'mentoh?*]
How big is it?	Quanto è grande? [*'kwantoh eh 'grandeh?*]
How many rooms does it have?	Quante stanze ha? [*'kwanteh 'stantseh a?*]
Is there a balcony?	C'è anche la terrazza? [*cheh 'ankeh lah terr'atsah?*]
Has it got a garage and cellar?	Ci sono garage e cantina? [*chee 'sonoh ga'raj eh kan'teenah?*]
Has it got individual or central heating?	Il riscaldamento è autonomo o centralizzato? [*eel riskalda'mentoh eh ow'tonomoh oh chentralits'ahtoh?*]
How much is it per month?	Quanto costa al mese? [*'kwantoh kostah al 'mehzeh?*]
Is heating included in the price?	Le spese di riscaldamento sono comprese nel prezzo? [*leh 'spehzeh di riskalda'mentoh 'sonoh kom'prehzeh nel 'pretsoh?*]

Should I pay you a deposit?	Devo versare una caparra? [*'dehvoh ver'sahreh 'oonah kap'arrah?*]
When is the flat vacant?	Da quando è libero? [*dah 'kwandoh eh 'leeberoh?*]
I would like to rent a cottage for me and my family for the month of July	Vorrei affittare una villetta per me e la mia famiglia per il mese di luglio [*vorr'eh affi'tareh 'oonah vill'ettah pehr meh eh lah 'meeyah fam'eelyah pehr eel 'mehzeh di 'loolyoh*]
I'm looking for a house to rent from ... to ... September	Cerco una casa in affitto dal ... al ... di settembre [*'cherkoh 'oonah 'kahzah in a'ffittoh dal ... al ... di sett'embreh*]
How many rooms are there?	Quante stanze ha? [*'kwanteh 'stantseh a?*]
Is there a garden, also?	C'è anche il giardino? [*cheh 'ankeh eel jar'deenoh?*]
Is it furnished?	È completamente arredata? [*eh kompleta'menteh arreh'dahtah?*]
Has it got kitchenware and house appliances?	È dotata di pentole, stoviglie, elettrodomestici? [*eh do'tahtah di 'pentohleh, stov'eelyeh, elettrodoh'mestichi?*]
Is cleaning service included in the price?	Le pulizie sono comprese nel prezzo? [*leh poolits'eeyeh 'sonoh kom'prehzeh nel 'pretsoh?*]

La famiglia e gli amici [lah fam'eelyah eh li a'meechi]

aunt	zia ['tseeyah]
bride	sposa ['spohzah]
bridegroom	sposo ['spohzoh]
brother	fratello [fra'telloh]
brother-in-law	cognato [kon'yahtoh]
children	figli ['feelyih]
cousin	cugino [koo'jeenoh]
daughter	figlia ['feelyah]
daughter-in-law	nuora ['nworah]
divorced	divorziato [divorts'eeyahtoh]
family	famiglia [fam'eelyah]
father	padre ['pahdreh]
father-in-law	suocero ['swocheroh]
fiancé	fidanzato [fidants'ahtoh]
friend	amico [a'meekoh]
god-father	padrino [pad'reenoh]
god-mother	madrina [mad'reenah]
grand-daughter	nipote [ni'pohteh]
grand-father	nonno ['nonnoh]
grand-mother	nonna ['nonnah]
grand-parents	nonni ['nonnih]
grand-son	nipote [ni'pohteh]
husband	marito [mar'eetoh]
live-in companion	convivente [konvee'venteh]
mother	madre ['mahdreh]
mother-in-law	suocera ['swocherah]
nephew, niece	nipote [ni'pohteh]

parents	genitori [*jenee'tohree*]
relationship	rapporto [*rap'portoh*]
relative	parente [*par'enteh*]
relatives	parenti [*par'entee*]
sister	sorella [*sor'ellah*]
sister-in-law	cognata [*kon'yahtah*]
son	figlio [*'feelyoh*]
older	maggiore [*madg'yoreh*]
younger	minore [*mi'nohreh*]
son-in-law	genero [*'jeneroh*]
spouse	coniuge [*'konyoodgeh*]
uncle	zio [*'tseeyoh*]
widow/widower	vedovo/a [*'vehdovoh/ah*]
wife	moglie [*'mohlyeh*]

Have you got any brothers and sisters?	Lei ha fratelli / sorelle? [*leh a fra'telli / so'relleh?*]
I have one brother and one sister	Ho un fratello e una sorella [*oh oon fra'telloh eh 'oonah so'rellah*]
I'm the older brother	Io sono il fratello più anziano [*'eeyoh 'sonoh eel fra'telloh pew antsee'yahnoh*]
I have an older brother / sister	Ho un fratello / una sorella più vecchio di me [*oh oon fra'telloh / 'oonah so'rellah pew vekk'yoh di meh*]
I have many cousins	Ho molti cugini [*oh 'molti koo'jeeni*]

Automobile e moto [*owto'mobileh eh 'motoh*]

acceleretor	acceleratore [*achelera'tohreh*]
accident	incidente [*inchee'denteh*]
antifreeze	antigelo [*anti'jehloh*]
anti-theft device	antifurto [*anti'foortoh*]
automatic payment	pagamento automatico [*paga'mentoh owto'matikoh*]
automobile	automobile [*owtoh'mobeeleh*]
bar	manubrio [*man'oobreeyoh*]
battery	batteria [*batter'eeyah*]
discharged battery	batteria scarica [*batter'eeyah 'skahrikah*]
belt-road	tangenziale [*tanjentsee'ahleh*]
body	carrozzeria [*karotzer'eeyah*]
bonnet	cofano [*'kofanoh*]
boot	bagagliaio [*bagal'yaiyoh*]
brake	freno [*'frehno*]
brake fluid	olio dei freni [*'olyeeyoh deh 'frehni*]
breakdown service	soccorso stradale [*so'korsoh stra'dahleh*]
car	auto [*'owtoh*]
rented car	automobile a noleggio [*owtoh'mobeeleh a noh'ledgeeyoh*]
second-hand car	automobile di seconda mano [*owtoh'mobeeleh di se'kondah 'mahnoh*]
carburettor	carburatore [*karboora'tohreh*]
chassis	telaio [*tel'aiyoh*]
clutch	frizione [*fritsi'yoneh*]
collision	tamponamento [*tampona'mentoh*]
cooling system	sistema di raffreddamento [*sis'tehmah di raffredda'mentoh*]
crossing	passaggio [*pass'adgeeyoh*]
level crossing	passaggio a livello [*pass'adgeeyoh a li'velloh*]

81

pedestrian crossing	passaggio pedonale [*pass'adgeeyoh pedon'ahleh*]
crossroads	incrocio [*in'crocheeyoh*]
cubic capacity	cilindrata [*chilindr'ahtah*]
cylinder	cilindro [*chil'indroh*]
dashboard	cruscotto [*crus'kottoh*]
diesel fuel	gasolio [*ga'zohlyoh*]
direction	direzione [*diretsee'yoneh*]
distilled water	acqua distillata [*akwah distill'ahtah*]
distributor	spinterogeno [*spinter'odgenoh*]
diversion	deviazione [*deveeyatsee'yoneh*]
door	portiera [*porti'yerah*]
drive	trazione [*tratsee'yoneh*]
front-wheel drive	trazione anteriore [*tratsee'yoneh anteree'yohreh*]
rear-wheel drive	trazione posteriore [*tratsee'yoneh posteree'yohreh*]
driver	conducente [*kondoo'chenteh*]
driver's licence	patente [*pat'enteh*]
dynamo	dinamo [*'deenamoh*]
electric system	impianto elettrico [*impee'yantoh e'lettrikoh*]
engine	motore [*mo'toreh*]
exhaust	tubo di scappamento [*'tooboh di skappa'mentoh*]
fine	contravvenzione [*kontraventsee'yoneh*]
garage	autorimessa [*owtori'messah*]
gear	marcia [*'marchah*]
gear-shift	cambio [*'kambeeyoh*]
automatic gear-shift	cambio automatico [*'kambeeyoh owto'matikoh*]
gloves	guanti [*'gwanti*]
hand-brake	freno a mano [*'frehnoh a 'mahnoh*]
handle	maniglia [*ma'neelyah*]
heating	riscaldamento [*riskalda'mentoh*]

helmet	casco [*'kaskoh*]
horn	clacson [*'klaxon*]
ignition	accensione [*achen'tseeyoneh*]
indicator	freccia [*'fretchah*]
insurance	assicurazione [*assikooratsee'yohneh*]
jack	cric [*'krik*]
keys	chiavi [*keeh'yahvi*]
lane	corsia [*kor'seeyah*]
emergency lane	corsia d'emergenza [*kor'seeyah demer'dgentsah*]
passing lane	corsia di sorpasso [*kor'seeyah di sor'passoh*]
light	lampadina [*lampa'deenah*]
lights	luci [*'loochi*]
brake-lights	luci di arresto [*'loochi di arr'estoh*]
city lights	luci di città [*'loochi di chi'tah*]
dipped lights	luci anabbaglianti [*'loochi anabbal'yanti*]
full-beams	luci abbaglianti [*'loochi abbal'yanti*]
head-lights	luci anteriori [*'loochi anteree'yoreh*]
rear lights	luci posteriori [*'loochi posteree'yoreh*]
side-lights	luci di posizione [*'loochi di positsee'yoneh*]
lock	serratura [*serra'toorah*]
log-book	libretto di circolazione [*lee'brettoh di cheerkolatsee'ooneh*]
mechanic	meccanico [*mech'anikoh*]
moped	motorino [*motor'eenoh*]
motorbike	moto [*'motoh*]
motorway	autostrada [*owto'strahdah*]
no-parking	sosta vietata [*'sostah veeyet'ahtah*]
oil	olio [*'olyeeyoh*]

lubricating oil	olio lubrificante [*'olyeeyoh loobrifi'kanteh*]
one-way	senso unico [*'sensoh 'oonikoh*]
park, parking	parcheggio [*parkeh'dgahreh*]
guarded car park	parcheggio custodito [*parkeh'dgahreh koosto'deetoh*]
paying car park	parcheggio a pagamento [*parkeh'dgahreh a paga'mentoh*]
private car park	parcheggio privato [*parkeh'dgahreh pri'vahtoh*]
public car park	parcheggio pubblico [*parkeh'dgahreh 'pooblikoh*]
to park	parcheggiare [*parkeh'dgahreh*]
to park in a no-parking area	parcheggiare in divieto di sosta [*parkeh'dgahreh in deevi'yehtoh di 'sostah*]
parking lot	posteggio [*post'edgeeyoh*]
parking-time indicator disc	disco orario [*'disko or'ahreehoh*]
passageway	passo carrabile [*'passoh karr'ahbileh*]
passing	sorpasso [*sor'passoh*]
pedal	pedale [*peh'dahleh*]
pedestrian	pedone [*pe'doneh*]
pedestrian mall	zona pedonale [*'zonah pedon'ahleh*]
petrol, gasolin	benzina [*ben'zeenah*]
unleaded petrol	benzina senza piombo [*ben'zeenah 'senzah pee'yomboh*]
petrol pump	pompa di benzina [*'pompah di ben'zeenah*]
petrol station	distributore [*distriboo'tohreh*]
pick-up	ripresa [*ri'preyzah*]
pincers	tenaglia [*ten'alyah*]
piston	pistone [*pis'toneh*]
plate	targa [*'tahrgah*]
pliers	pinza [*'pintsah*]
power steering	servosterzo [*servo'stertsoh*]
pressure	pressione [*preshee'oneh*]
radiator	radiatore [*radeeya'tohreh*]

84

rear-view mirror	specchietto retrovisore [*spekk'yettoh retrovi'zohreh*]
repair garage	autofficina [*owtoffee'cheenah*]
reserve	riserva [*ris'ervah*]
reverse	retromarcia [*retro'marchah*]
right-of-way	precedenza [*precheh'dentsah*]
ring-road	circonvallazione [*cheerkon'vallatsee'yoneh*]
road	strada [*'strahdah*]
by road	strada secondaria [*sekond'ahreeyah*]
main road	strada provinciale [*'strahdah provin'cheeyahleh*]
state road	strada statale [*'strahdah sta'tahleh*]
safety belts	cinture di sicurezza [*chin'tooreh di sikoor'etsah*]
screwdriver	cacciavite [*katcha'veeteh*]
seat	sedile [*se'deeleh*]
back seat	sedile posteriore [*se'deeleh posteree'yoreh*]
flap seat	sedile reclinabile [*se'deeleh rekli'nahbileh*]
front seat	sedile anteriore [*se'deeleh anteree'yoreh*]
servicing area	area di servizio [*'ahreyah di ser'vitseeyoh*]
servo brake	servofreno [*servo'frehno*]
shock-absorber	ammortizzatore [*ammortitsa'tohreh*]
sign	cartello [*kar'telloh*]
silencer, muffler	marmitta [*mar'mittah*]
catalytic converter	marmitta catalitica [*mar'mittah kata'litikah*]
to slow down	rallentare [*rallenta'tohreh*]
spare part	pezzo di ricambio [*'petsoh di ri'kambeeyoh*]
spark-plug	candela [*kan'dehlah*]
speed	velocità [*velochi'tah*]
speed limit	limite di velocità [*'limiteh di velochi'tah*]
starter	motorino di avviamento [*motor'eenoh di avveeya'mentoh*]

steering	manovra [*man'ovrah*]
steering wheel	volante [*vol'anteh*]
street	strada [*'strahdah*]
suspensions	sospensioni [*sospensee'yoni*]
tank	serbatoio [*serba'toyoh*]
torch	torcia [*'torcheeyah*]
traffic	traffico [*'traffikoh*]
traffic-lights	semaforo [*se'maforoh*]
traffic police	polizia stradale
	[*polits'eeyah stra'dahleh*]
traffic policeman	vigile urbano [*'vidgileh oor'bahnoh*]
trailer	rimorchio [*ri'morkyoh*]
turn	curva [*'koorvah*]
tyre repairer	gommista [*gomm'eestah*]
valve	valvola [*'valvolah*]
vehicle	autovettura [*owtovett'oorah*]
violation	infrazione [*infratsee'yoneh*]
wheel	ruota [*'rwohtah*]
window	finestrino [*finestr'eenoh*]
front window	finestrino anteriore
	[*finestr'eenoh anteree'yohreh*]
rear window	finestrino posteriore
	[*finestr'eenoh posteree'yohreh*]
windscreen	parabrezza [*para'bretsah*]
windscreen wipers	tergicristalli [*terjikri'stalli*]

CAR RENTAL
Autonoleggio [*owtohnol'edgeeyoh*]

Where can I hire a car?	Dove posso noleggiare un'auto? [*'doveh 'possoh nol'edgeeyoh oon'owtoh?*]
I wish to hire a car for one day / one week	Vorrei un'auto per un giorno / una settimana [*vorr'eh oon'owtoh pehr oon 'jornoh / 'oonah setti'mahnah*]

I'd like to hire a comfortable car with four seats	Vorrei noleggiare un'auto con quattro posti comodi [*vorr'eh noledgee'ahreh oon 'owtoh kon 'kwatroh 'posti 'komohdi*]
I wish to hire a small car	Vorrei noleggiare una piccola auto [*vorr'eh noledgee'ahreh 'oonah 'pikkolah 'owtoh*]
I need a lot of room in the bonnet	Mi serve molto spazio nel bagagliaio [*mi 'serveh 'moltoh 'spatseeyoh nel bagal'yaiyoh*]
I would like a more recent model	Preferirei un'auto più recente [*preferir'eh oon 'owtoh pew re'chenteh*]
How much does it cost per day?	Qual è il costo giornaliero? [*'kwaleh eel 'kostoh jornalee'yeroh?*]
How much does it cost per week?	Quanto costa per una settimana? [*'kwantoh 'kostah pehr 'oonah setti'mahnah?*]
Can I return it in your ... office?	Posso restituirla alla vostra sede di ...? [*'possoh restitoo'eerlah 'allah 'vostrah 'sehdeh di ...?*]

ROAD CIRCULATION
Circolazione [*cheerkolatsee'yoneh*]

Right	A destra [*a 'destrah*]
Left	A sinistra [*a sin'eestrah*]
Straight on	Sempre dritto [*'sempreh 'drittoh*]
Excuse me, can you tell me where is the nearest car park?	Scusi, può dirmi dov'è il parcheggio più vicino? [*'skoozi, pwoh 'deermi dov'eh eel park'edgeeyoh pew vi'cheenoh?*]

I have to go to ... Street	Devo andare in via ...
	['dehvoh an'dahreh in 'veeyah ...]

Can you tell me the way to ...?	Può indicarmi la direzione per ...?
	[pwoh indi'kahrmi lah diretsee'yoneh pehr?]

Carry straight on for 1 kilometre	Vada sempre dritto per 1 km
	['vadah 'sempreh 'drittoh pehr oon kil'omehtroh]

Turn right at the traffic-lights	Al semaforo giri a destra
	[al se'maforoh 'jeeri a 'destrah]

Turn left at the second traffic-lights	Al secondo semaforo vada a sinistra
	[al se'kondoh se'maforoh 'vadah a sin'eestrah]

Carry straight on at the crossroads	All'incrocio prosegua dritto
	[al in'krohcheeyoh pro'segwah 'drittoh]

Follow the arrow	Segua la freccia
	['sehgwah lah 'fretchah]

You will see the signs	Vedrà le indicazioni
	[ved'rah leh indikatsee'yonee]

It's only a short way from here	Non è lontano da qui
	[non eh lon'tahnoh dah kwee]

It's on the other side of the railway	È dall'altra parte della ferrovia
	[eh dal 'altrah 'partheh 'dellah ferroh'veehah]

This street is in the opposite direction	Questa via si trova dalla parte opposta
	['kwestah veeyah si 'trohvah 'dallah 'parteh opp'ostah]

You must drive over the river bridge	Deve superare il ponte sul fiume [*'deveh sooper'ahreh eel 'ponteh sool fee'yoomeh*]
You must go back	Deve tornare indietro [*'deveh tor'nahreh indee'yetroh*]
You must take the next street on the right	Deve prendere la prossima strada a destra [*'deveh 'prendereh lah 'prossimah 'strahdah a 'destrah*]
Come, I'll show you the way	Mi segua, Le faccio strada [*mi 'segwah, leh 'fatchoh 'strahdah*]
Follow me, I'll come with you	Mi segua, l'accompagno [*mi 'segwah, lakkom'panyoh*]
Turn right	Giri a destra [*'jeeri a 'destrah*]
Turn left	Giri a sinistra [*'jeeri a sin'eestrah*]
Is this the way to the city centre?	È questa la strada per il centro città? [*eh 'kwestah lah 'strahdah pehr eel 'chentroh chi'tah?*]
Is this the way to ...?	È questa la strada per ...? [*eh 'kwestah lah 'strahdah pehr ...?*]
Is the road to ... practicable?	È transitabile la strada per ...? [*eh transit'ahbileh lah 'strahdah pehr ...?*]
Where do I take the motorway to ...?	Dove si prende l'autostrada per ...? [*'doveh si 'prendeh lowto'strahdah pehr ...?*]

ACCIDENTS AND BRAKEDOWNS
Incidenti e guasti [*inchi'denti eh 'gwasti*]

Can you help me, please?	Può aiutarmi per favore? [*pwoh ayoo'tahrmi pehr fa'voreh?*]

I've had an accident	Ho avuto un incidente [*oh a'vootoh oon inchi'denteh*]
Can you call the traffic police, please?	Può chiamare la polizia stradale per favore? [*pwoh keeha'mahreh lah polits'eeyah stra'dahleh pehr fa'voreh?*]
Can you call the brakedown van?	Può chiamare il carro attrezzi? [*pwoh keeya'mahreh eel 'karroh a'tretsi?*]
Can you tell me where is the nearest repair garage?	Mi può indicare l'officina più vicina? [*mi pwoh indi'kahreh loffi'cheenah pew vi'cheenoh?*]
Can you tell me the name of a reliable repair garage?	Può indicarmi un'officina di sua fiducia? [*pwoh indi'kahrmi oon offi'cheenah di 'sooah fi'doochah?*]
Could you give me a lift to the nearest petrol station?	Può darmi un passaggio fino al prossimo distributore? [*pwoh 'dahrmi oon pass'adgeeyoh 'feenoh al 'prossimoh distriboo'tohreh?*]
Call an ambulance!	Chiamate un'ambulanza! [*keeya'mahteh oonambool'antsah!*]
Send an ambulance in ... street, quick	Mandate subito un' ambulanza in via ... [*man'dahteh soobitoh oonambool'antsah in 'veeyah ...*]
Are you wounded?	È ferito? [*eh fer'eetoh?*]
Can I help you?	Posso aiutarla? [*possoh ayoo'tahrlah?*]
Could you testify as a witness, please?	Può fare da testimone per favore? [*pwoh 'fahreh dah testi'mohneh pehr fa'voreh?*]

Have you seen the accident?	Ha visto l'incidente? [*a 'vistoh linchi'denteh?*]
Can you give me your telephone number / your address, please?	Può darmi il suo numero di telefono / il suo indirizzo per favore? [*pwoh 'dahrmi eel 'soowoh 'noomeroh di te'lefonoh / eel soowoh indi'ritsoh, pehr fa'voreh?*]
This is the name / address of my insurance company	Questo è il nome / l'indirizzo della mia assicurazione [*'kwestoh eh eel 'nomeh / lindi'ritsoh 'dellah 'meehah assikooratsee'oneh*]
Can you tell me where I can find a car repair / car body repair / electric repair shop	Può indicarmi un meccanico / carrozziere / elettrauto? [*pwoh indi'kahrmi oon mek'anikoh / karrotsee'yereh / elett'rowto?*]
The engine has broken down	C'è un guasto nel motore [*cheh oon 'gwastoh nel mo'tohreh*]
It won't idle	Non tiene il minimo [*non tee'yehneh eel 'minimoh*]
The spark-plugs must be changed	Bisogna cambiare le candele [*biz'onyah kam'byareh leh kan'dehleh*]
The oil warning light has come on	Si è accesa la spia dell'olio [*si eh a'chehzah lah speeyah del'ohleeyoh*]
The car won't start	L'auto non parte [*'lowto non 'parteh*]
The car is leaking oil / petrol	L'auto perde olio / benzina [*'lowto 'perdeh 'ohleeyoh / ben'zeenah*]
The engine is flooding	Il motore è ingolfato [*eel mo'tohreh eh ingolf'ahtoh*]

The engine is cold	Il motore è freddo [*eel mo'tohreh eh 'freddoh*]
The engine is overheating	Il motore scalda [*eel mo'tohreh 'skaldah*]
The water is overheating	L'acqua scalda [*'lakwah 'skaldah*]
The right / left indicator is not working	La freccia destra / sinistra non funziona [*lah 'fretchah 'destrah / sin'eestrah non foontsee'yonah*]
The brake lights / double indicators are not working	Le luci di arresto / le doppie frecce non si accendono [*leh 'loochee di arr'estoh / leh 'doppeeyeh 'fretcheh non si a'chendonoh*]
The radiator is leaking	Il radiatore perde [*eel radeeyat'ohreh 'perdeh*]
The clutch is slipping	La frizione slitta [*lah fritsee'yoneh 'zlittah*]
The battery is uncharged	La batteria è scarica [*lah batter'eeyah eh 'skarikah*]
The battery is not recharging	La batteria non carica [*lah batter'eeyah non 'karikah*]
The gear is jammed	La marcia non entra [*lah 'marchyah non 'entrah*]
The hand brake is not working	Il freno a mano non tiene [*eel 'frehnoh a 'mahnoh non tee'yeneh*]
Is there a car dealer nearby?	C'è un concessionario nelle vicinanze? [*cheh oon konchessyon'ahreeyoh 'nelleh vicheen'antseh?*]

| How long will it take to repair the car? | Per quando è pronta l'auto?
[*pehr 'kwandoh eh prontah 'lowtoh?*] |

THE SERVICING STATION
La stazione di servizio [*lah statsee'yoneh di ser'vitseeyoh*]

Please, fill the tank	Il pieno, per favore [*eel pee'yenoh, pehr fa'voreh*]
Five gallons of premium, please	Venti litri di super, per favore [*'venti 'leetri di 'soopehr, pehr fa'voreh*]
Can you check the oil, please?	Può controllare l'olio, per favore? [*pwoh kontro'lahreh 'lohleeyoh, pehr fa'voreh*]
Please, check the tyre pressure	Controlli la pressione delle gomme, per favore [*kon'trolli lah preshee'yoneh 'delleh 'gommeh, pehr fa'voreh*]
I have a flat tyre, can you repair it?	Ho una gomma a terra, può ripararmela? [*oh 'oonah 'gommah a 'terrah, pwoh ripar'ahrmehlah?*]
Please, change the oil	Mi cambi l'olio, per favore [*mi 'kambee 'lohleeyoh, pehr fa'voreh*]
Please, check the brakes	Mi controlli i freni, per favore [*mi kon'trolli ee 'frehni, pehr fa'voreh*]
Can you check the brake fluid, please?	Può controllare il liquido dei freni, per favore? [*pwoh kontro'lahreh eel 'likwidoh deh 'frehni, pehr fa'voreh*]
Please, wash the car	Mi lavi la macchina, per favore [*mi 'lahvi lah 'makinah, pehr fa'voreh*]

Complete washing, inside and outside	Lavaggio completo, interno ed esterno [*lav'adgeeyoh kom'plehtoh, inteh'rnoh eh est'ehrnoh*]
Please, clean the windows	Mi pulisca i vetri, per favore [*mi pool'iskah ee 'vehtri, pehr fa'voreh*]
Please, change the windscreen wipers	Mi cambi i tergicristalli, per favore [*mi 'kambee ee terjikri'stalli, pehr fa'voreh*]
I'd like to buy snow chains	Vorrei acquistare le catene per la neve [*vorr'eh akwist'ahreh leh kat'ehneh pehr lah 'nehveh*]
I'd like a road map of ...	Vorrei una carta stradale di ... [*vorr'eh 'oonah kahrtah stra'dahleh dee ...*]

PARKING
Parcheggio [*park'edgeeyoh*]

Can you give me some change for the automatic paying machine?	Può cambiarmi per il pagamento automatico per favore? [*pwoh kamby'ahrmi pehr eel paga'mentoh owto'matikoh, pehr fa'voreh?*]
The automatic is not working	L'automatico non funziona [*lowto'matikoh non foontsee'yonah*]
Can I leave the car here?	Posso lasciare l'auto qui? ['*possoh lash'ahreh 'lowtoh kwee?*]
Can I park here?	Si può parcheggiare qui? [*si pwoh parkedg'ahreh kwee?*]
Can I leave the car here for three days?	Posso lasciare l'auto qui per tre giorni? ['*possoh lash'ahreh 'lowtoh kwee pehr treh 'jorni?*]

Can I leave the car here also tonight?	Posso lasciare l'auto qui anche stanotte? [*'possoh lash'ahreh 'lowtoh kwee 'ankeh stah'notteh?*]
Is parking allowed here?	È vietato parcheggiare qui? [*eh veehet'ahtoh parkedg'ahreh kwee?*]
Where is car park closest to the centre?	Dov'è il parcheggio più vicino al centro? [*dov'eh eel park'edgeeyoh pew vi'cheenoh al 'chentroh?*]
Can you tell me where is the nearest car park, please?	Mi può indicare il parcheggio più vicino, per favore? [*mi pwoh indi'kahreh eel park'edgeeyo pew vi'cheenoh, pehr fa'voreh?*]
My car is too wide / high, I can't go through	La mia auto è troppo larga / alta, non ci passa. [*lah 'meeyah 'owtoh eh 'troppoh 'lahrgah / 'altah, non chi 'passah*]
Can you move your car, please?	Può spostare la Sua auto, per favore? [*pwoh spos'tahreh lah 'sooah 'owtoh, pehr fa'voreh?*]
Where is the exit?	Da che parte è l'uscita? [*dah kay 'pahrteh eh loo'sheetah?*]
Can you help me to manoeuvre, please?	Mi aiuta a fare manovra, per favore? [*mi 'ayootah a 'fahreh man'ovrah, pehr fa'voreh*]

Bicicletta [bichi'klettah]

bell	campanello [kampan'elloh]
bicycle	bicicletta [bichi'klettah]
bicycle path	pista ciclabile [pees'tah chee'klahbileh]
bicycle pump	pompa per bicicletta ['pompah pehr bichi'klettah]
bicycle race	gara ciclistica ['gahrah chee'clistikah]
bicycle rental	noleggio biciclette [no'ledgeeyoh bichi'kletteh]
bicycle trip	escursione in bicicletta [eskoorsee'yoneh in bichi'klettah]
racing bicycle	bicicletta da corsa [bichi'klettah dah 'korsah]
brake	freno ['frehnoh]
front brake	freno anteriore ['frehnoh anteree'yohreh]
rear brake	freno posteriore ['frehnoh posteree'yohreh]
chain	catena [kat'ehnah]
dynamo	dinamo ['deenamoh]
frame	telaio [tel'aiyoh]
gear	cambio, marcia ['kambeeyoh, 'marchah]
handlebar	manubrio [ma'noobreeyoh]
inner tube	camera d'aria ['kamerah 'dahreeyah]
light	fanale, lampadina [fan'ahleh, lampa'deenah]
battery light	fanale con batteria [fan'ahleh kon batter'eeyah]

lining	guarnizione [*gwarnitsee'yoneh*]
parcel rack	portapacchi [*porta'pakki*]
pedal	pedale [*ped'ahleh*]
repair	riparazione [*riparatsee'yoneh*]
saddle	sella [*'sellah*]
safety lock	chiusura di sicurezza [*keeyoo'zoorah di sikoor'etsah*]
speed	velocità [*velochi'tah*]
speedometer	contachilometri [*kontakil'ometri*]
stand	cavalletto [*kaval'ettoh*]
tyre	copertone [*koper'tohneh*]
valve	valvola [*'valvolah*]

Where can I hire a bicycle?

Dove si può noleggiare una bicicletta?
[*'doveh si pwoh noledgee'ahreh 'oonah bichi'klettah?*]

Is there a bicycle rental near the railway station?

C'è un noleggio biciclette alla stazione?
[*cheh oon no'ledgeeyoh bichi'kletteh 'allah statsee'yoneh?*]

I would like to hire a bicycle for one day / one week

Vorrei noleggiare una bicicletta per un giorno / una settimana
[*vorr'eh no'ledgee'ahreh 'oonah bichi'klettah pehr oon 'jornoh / 'oonah setti'mahnah*]

How much does it cost per day?

Quanto costa al giorno?
[*'kwantoh 'kostah al 'jornoh?*]

Can you lend me a bicycle?

Può prestarmi una bicicletta?
[*pwoh pres'tahrmi 'oonah bichi'klettah?*]

I've punctured a tyre. Can you repair the inner tube?	Ho forato. Mi può riparare la camera d'aria? [oh for'ahtoh. mi pwoh ripa'rahreh lah 'kamerah 'dahreehah?]
Can I stop here to repair my bicycle?	Posso fermarmi qui a riparare la bicicletta? ['possoh fer'mahrmi kwee a ripa'rahreh lah bichi'klettah?]
Is there a shorter way to get to ...?	C'è una strada più breve per arrivare a ...? [cheh 'oonah 'strahdah pew 'brehveh pehr arri'vahreh a ...?]
Is there a bicycle path along the river?	C'è una pista ciclabile lungo il fiume? [cheh 'oonah pees'tah chee'klahbileh 'lungoh eel fee'yoomeh?]
Is there a bicycle path in this area?	C'è un sentiero ciclabile in questa zona? [cheh oon senti'yehroh chee'klahbileh in 'kwestah 'zonah?]
Is there a route for bicycles only?	Esiste un percorso alternativo solo per le biciclette? [ez'eesteh oon per'korsoh alterna'teevoh 'sohloh pehr leh bichi'kletteh?]
We would like to take this three-day tour as I've seen it in my guide-book	Vorremmo fare questo circuito di tre giorni segnalato dalla guida [vorr'emmoh 'fahreh 'kwestoh cheer'kooittoh di treh 'jorni senya'lahtoh 'dallah 'gweedah]
I would like some informations on bicycle trips	Vorrei delle informazioni sulle escursioni in bicicletta [vorr'eh 'delleh informatsee'yonee 'sooleh eskoorsee''yonee in bichi'klettah]

Is there a refreshment area along the way?	C'è un punto di ristoro lungo il percorso? [*cheh oon 'puntoh di rist'ohroh 'lungoh eel per'korsoh?*]
Is there a hostel where we can stay for the night?	C'è un ostello dove pernottare? [*cheh oon os'telloh 'doveh perno'tahreh?*]
Can we hire bicycles on the spot?	Si possono noleggiare le biciclette sul posto? [*si 'possonoh noledgee'yahreh leh bichi'kletteh 'sool 'postoh?*]
Can I hire a bicycle over the phone?	Si possono prenotare telefonicamente le biciclette? [*si 'possonoh prenoh'tahreh telefonika'menteh leh bichi'kletteh?*]
Can I bring my bicycle on the train / on the ferry?	Posso caricare la bicicletta sul treno / sul traghetto? [*'possoh kari'kahreh lah bichi'klettah sool 'trehnoh / sool tra'ghettoh?*]
How much does it cost to bring my bicycle on the train?	Quanto costa portare con sé la bicicletta in treno? [*'kwantoh kostah port'ahreh kon seh lah bichi'klettah in 'trehnoh?*]
Can I leave my bicycle here?	Posso lasciare la mia bicicletta qui? [*'possoh lash'ahreh lah 'meeyah bichi'klettah kwee?*]
Can you keep my bicycle till I come back?	Mi può custodire la bicicletta fino al mio ritorno? [*mi pwoh koosto'deereh lah bichi'klettah 'feenoh al 'meeyoh ri'tornoh?*]

Treno [*'trehnoh*]

air-conditioning	aria condizionata [*'ahreehah konditseehon'ahtah*]
arrival	arrivo [*arr'eevoh*]
blanket	coperta [*ko'pertah*]
carriage, car	vagone [*va'gohneh*]
dining-car, buffet	vagone ristorante [*va'gohneh ristor'anteh*]
sleeping-car	vagone letto [*va'gohneh 'lettoh*]
class	classe [*'klasseh*]
first, second class	prima, seconda classe [*'preemah, se'kondah 'klasseh*]
compartment	scompartimento [*skomparti'mentoh*]
non-smoking compartment	scompartimento non fumatori [*skomparti'mentoh non fooma'tohri*]
smoking compartment	scompartimento fumatori [*skomparti'mentoh fooma'tohri*]
conductor	controllore [*kontroh'loreh*]
connection	coincidenza [*kohinchee'dentsah*]
corridor	corridoio [*korri'doyoh*]
couchette	cuccetta [*koo'chettah*]
departure	partenza [*par'tentsah*]
door	porta [*'portah*]
excess fare, supplement	supplemento [*soopleh'mentoh*]
exit	uscita [*oo'sheetah*]
heating	riscaldamento [*riskalda'mentoh*]
information office	ufficio informazioni [*oo'feecheeyoh informatsee'yoneh*]
lavatory	toilette [*twa'lett*]
left luggage	deposito bagagli [*de'positoh ba'galyi*]

lost property office	ufficio oggetti smarriti [oo'feecheeyoh odg'etti sma'reeti]
luggage	bagaglio [ba'galyoh]
passenger	passeggero [passedg'ehroh]
pillow	cuscino [koo'sheenoh]
platform	binario [bin'ahreeyoh]
porter	facchino [fak'eenoh]
railway	ferrovia [ferro'veeyah]
railway junction	nodo ferroviario ['nodoh ferrovee'yareeyoh]
raylway timetable	orario ferroviario [or'ahreeyoh ferrovee'yareeyoh]
reservation office	ufficio prenotazioni [oo'feecheeyoh prenotatsee'yoni]
seat	posto ['postoh]
reserved seat	posto prenotato ['postoh preno'tahtoh]
sheet	lenzuola [lents'wohlah]
station	stazione [statsee'yoneh]
mainline, central station	stazione centrale [statsee'yoneh chen'trahleh]
station-master	capostazione [kapostatsee'yoneh]
stop	fermata [fehr'mahtah]
suitcase	valigia [va'leedgyah]
ticket	biglietto [bil'yetoh]
reduced fare ticket	biglietto a tariffa ridotta [bil'yetoh a tar'iffah ri'dottah]
return ticket	biglietto di andata e ritorno [bil'yetoh di an'dahtah eh ri'tornoh]
single ticket	biglietto di sola andata [bil'yetoh di solah an'dahtah]
ticket office	biglietteria [bilyeter'eeyah]
timetable	orario [or'ahreeyoh]
summer timetable	orario estivo [or'ahreeyoh est'eevoh]
winter timetable	orario invernale [or'ahreeyoh invehr'nahleh]
track	rotaia [ro'taiyah]

101

train	treno [*'trehnoh*]
express train	treno rapido [*'trehnoh 'rapidoh*]
first-class train	treno di sola prima classe [*'trehnoh di 'sohlah 'preemah 'klasseh*]
goods train	treno merci [*'trehnoh 'mehrchi*]
local train	treno locale [*'trehnoh lo'kahleh*]
through train	treno diretto [*'trehnoh di'rettoh*]
travel bag	borsa da viaggio [*'borsah dah vee'yadgeeyoh*]
tunnel	galleria [*galler'eeyah*]
waiting room	sala d'aspetto [*'sahlah das'pettoh*]
window	finestrino [*fineh'streenoh*]

Can you tell me the way to the railway station?
Può indicarmi la strada per la stazione? [*pwoh indi'kahrmi lah 'strahdah pehr lah statsee'yoneh?*]

Is the railway station far from here?
È lontana la stazione da qui? [*eh lon'tahnah lah statsee'yoneh dah kwee?*]

To the railway station, please
In stazione, per favore [*in statsee'yoneh, pehr fa'voreh*]

I would like a first / second class ticket
Vorrei un biglietto di prima / seconda classe [*vorr'eh oon bil'yetoh di 'preemah / se'kondah 'klasseh*]

I would like a single ticket to ...
Vorrei un biglietto di sola andata per ... [*vorr'eh oon bil'yetoh di solah an'dahtah pehr ...*]

I would like two return tickets to ...
Vorrei due biglietti di andata e ritorno per ... [*vorr'eh 'dooeh bil'yetti di an'dahtah eh ri'tornoh pehr ...*]

How much does a return ticket to ... cost?	Quanto costa un biglietto di andata e ritorno per ...? ['kwantoh 'kostah oon bil'yetoh di an'dahtah eh ri'tornoh pehr ...?]
A ticket with express supplement fare	Un biglietto con supplemento rapido [oon bil'yetoh kon soopleh'mentoh 'rapidoh]
I would like to reserve a couchette on the ... train	Vorrei prenotare una cuccetta sul treno delle ore ... [vorr'eh preno'tahreh 'oonah koo'chettah sool 'trehnoh 'delleh 'ohreh ...]
I would like to reserve a seat for tomorrow on ... the train to ...	Vorrei prenotare un posto per domani sul treno delle ore ... per ... [vorr'eh preno'tahreh oon 'postoh pehr do'mahni sool 'trehnoh 'delleh 'ohreh ...pehr ...]
I would like to reserve a seat on the train to ... non-smoking / smoking compartment, please	Vorrei prenotare un posto sul treno per ... scompartimento non fumatori / fumatori, per favore [vorr'eh preno'tahreh oon 'postoh sool 'trehnoh pehr ... skomparti'mentoh non fooma'tohri / fooma'tohri, pehr fa'voreh]
Is reservation compulsory?	È obbligatoria la prenotazione? [eh obliga'tohreeyah lah prenotatsee'yoneh?]
How many days is the return ticket valid (good) for?	Quanti giorni vale il biglietto di andata e ritorno? ['kwantee 'jorni 'vahleh eel bil'yetoh di an'dahtah eh ri'tornoh?]
When does the next train to ... leave?	Quand'è il prossimo treno per ...? [kwand'eh eel 'prossimoh 'trehnoh pehr ...?]

The connection for ... is here	C'è la coincidenza per ... [*cheh lah kohinchee'dentsah pehr ...*]
Does this train stop in ...?	Questo treno ferma a ...? [*'kwestoh 'trehnoh 'fehrmah a ...?*]
What time does it get to ...?	A che ora arriva a ...? [*a cheh 'ohrah arr'eevah a ...?*]
What time do we get to ...?	A che ora arriviamo a ...? [*a cheh 'ohrah arrivee'yahmoh a ...?*]
Is there a sleeping-car on the train to ...?	C'è il vagone letto sul treno per ...? [*cheh eel va'gohneh 'lettoh sool 'trehnoh pehr ...?*]
I wish to leave my suitcase	Vorrei depositare la valigia [*vorr'eh deposi'tahreh lah va'leedgyah*]
I would like to send my luggage by train. Is it possible?	Vorrei spedire il mio bagaglio. È possibile? [*vorr'eh sped'eereh eel 'meeyoh ba'galyoh. eh poss'eebileh?*]
Porter!	Facchino! [*fa'keenoh!*]
Is there a tourist office in this railway station?	C'è l'ufficio turistico in questa stazione? [*cheh loo'feechyoh toor'istiko in kwestah statsee'yoneh?*]
Is there a dining-car on this train?	C'è il vagone ristorante su questo treno? [*cheh eel va'gohneh ristor'anteh soo 'kwestoh 'trehnoh?*]
Is this seat taken?	È libero questo posto? [*eh 'leeberoh 'kwestoh 'postoh?*]

I'm sorry, but this seat is reserved	Scusi, ma quel posto è prenotato ['skoozi mah kwel 'postoh eh preno'tahtoh]
Could you please keep my seat for a moment?	Può per cortesia tenermi il posto un momento? [pwoh pehr korteh'zeehah ten'ehrmi eel 'postoh oon mo'mentoh?]

Aereo [ah'ehreyoh]

airline	compagnia aerea [kompan'eehah ah'ehreyah]
airplane	aereo [ah'ehreyoh]
air-pocket	vuoto d'aria ['vwotoh 'dahreeyah]
airport	aeroporto [ahehro'portoh]
air-sickness	mal d'aria [mal 'dahreeyah]
altitude	altitudine [alti'toodineh]
breakfast	colazione [kolatsee'yoneh]
cabin	cabina [ka'beenah]
control tower	torre di controllo ['tohreh di kon'trolloh]
engine	motore [mo'tohreh]
flight attendant, hostess	hostess ['ostess]
flight attendant, steward	steward ['styooad]
flight	volo ['vohloh]
to fly	volare [vo'lahreh]
landing	atterraggio [atterr'adgeeyoh]
luggage	bagaglio [ba'galyoh]
lunch	pranzo ['prantso]
papers	documenti [dokoo'menti]
parachute	paracadute [paraka'dooteh]
passenger	passeggero [passedg'ehroh]
pilot	pilota [pee'lotah]
propeller	elica ['ehlikah]
radar	radar ['rahdahr]
runway	pista di atterraggio ['peestah di atterr'adgeeyoh]

seat	sedile [*se'deeleh*]
take-off	decollo [*de'kolloh*]
to travel by air	viaggiare in aereo
	[*veeyahdgee'yahreh in ah'ehreyoh*]
Where is the airport?	Dov'è l'aeroporto?
	[*dov'eh laheyro'portoh?*]
How far is it from the city?	Quanto dista dalla città?
	[*'kwantoh 'distah 'dallah chi'tah?*]
Is there a bus services to the airport / to the town centre?	C'è un servizio di autobus per l'aeroporto / per il centro città?
	[*cheh oon ser'vitseeyoh di owto'boos pehr laheyro'portoh / pehr eel 'chentroh chi'tah?*]
I would like to reserve two seats on the ... flight for tomorrow	Vorrei prenotare due posti sul volo delle ore ... di domani
	[*vorr'eh preno'tahreh 'dooeh 'posti sool 'vohloh 'delleh 'ohreh di do'mahni*]
What time does the plane leave?	A che ora parte l'aereo?
	[*a cheh 'ohrah 'parteh lah'ehreyoh?*]
What time do we arrive to ...?	A che ora arriviamo a ...?
	[*a cheh 'ohrah arrivee'yamoh a ...?*]
How much does a return ticket to ... cost?	Quanto costa un biglietto di andata e ritorno per ...?
	[*'kwantoh 'kostah oon bil'yetoh di an'dahtah eh ri'tornoh pehr ...?*]
How much luggage am I allowed to take?	Quanti chili di bagaglio sono consentiti?
	[*'kwanti 'keeli di ba'galyoh 'sohnoh konsen'teeti?*]

I would like to send my luggage to ...	Vorrei spedire il mio bagaglio a ... [*vorr'eh sped'eereh eel 'meeyoh ba'galyoh a ...*]
I would like a glass of water, please	Vorrei per favore un bicchiere d'acqua [*vorr'eh pehr fa'voreh oon bikki'yereh 'dakwah*]
Could you bring me a coffee / a tea / a fruit juice, please?	Può portarmi un caffè / un tè / un succo di frutta? [*pwoh por'tahrmi oon ka'ffeh / oon teh / oon 'sukkoh di 'froottah*]
Have you got any English newspapers?	Avete giornali inglesi? [*a'vehteh jor'nahli ing'lehzi?*]
I would like a pillow / blanket	Vorrei un cuscino / una coperta [*vorr'eh oon koo'sheenoh / 'oonah kop'ehrtah*]

Imbarcazioni [imbarkatsee'yoni]

anchor	ancora ['ankorah]
barge	chiatta [kee'yattah]
berth	cuccetta [koo'chettah]
board	bordo ['bordoh]
on board	a bordo [a 'bordoh]
port	a babordo [a ba'bordoh]
starboard	a tribordo [a tri'bordoh]
boat	barca ['barkah]
rowing boat	barca a remi ['barkah a 'reymi]
sail-boat	barca a vela ['barkah a 'veylah]
boom	boma ['bomah]
buoy	boa ['boah]
cabin	cabina [ka'beenah]
first / second class cabin	cabina di prima / seconda classe [ka'beenah di preema / see'kondah 'klasseh]
tourist class cabin	cabina in classe turistica [ka'beenah in 'klasseh toor'istikah]
canal	canale [kan'ahleh]
captain	comandante [koman'danteh]
channel	canale [kan'ahleh]
cliff	scogliera [skol'yerah]
coast	costa ['kostah]
crossing	traversata [travers'ahtah]
cruise	crociera [krochee'yerah]
deck	coperta [ko'peyrtah]
departure, sailing	partenza [par'tentsah]
drift	deriva [der'eevah]
embarkation	imbarco [im'barkoh]
ferry	traghetto [trag'ettoh]
fisherman	pescatore [peskah'tohreh]
fishing	pesca ['peskah]

deep-sea fishing	pesca d'alto mare
	[*'peskah 'daltoh 'mahreh*]
fishing-boat	peschereccio [*pesker'etcheeyoh*]
flag	bandiera [*bandee'yerah*]
foremast	trinchetto [*trin'kettoh*]
genoa jib	genova [*'jenovah*]
gulf	golfo [*'golfoh*]
headland	promontorio
	[*promon'tohreeyoh*]
hold	stiva [*'steevah*]
hull	scafo [*'skahfoh*]
jib	fiocco [*fee'yokkoh*]
knot	nodo [*'nodoh*]
ladder	scala [*'skahlah*]
landing	sbarco [*'sbarkoh*]
landingplace	approdo [*app'rodoh*]
lifebelt	salvagente [*salva'jenteh*]
life-boat	canotto di salvataggio
	[*ka'nottoh di salva'tadgeeyoh*]
light-house	faro [*'fahroh*]
mast	albero [*'alberoh*]
mooring	ormeggio [*or'medgeeyoh*]
motorboat	motoscafo [*moto'skahfoh*]
motorship	motonave [*moto'nahveh*]
navigation	navigazione [*navigatsee'oneh*]
navigation	compagnia di navigazione
company	[*kompan'yeeah di navigatsee'oneh*]
ocean	oceano [*oh'cheyanoh*]
off-shore	in mare aperto
	[*in 'mahreh a'peyrtoh*]
passenger	passeggero [*passedg'yeroh*]
pier	molo [*'mohloh*]

pitch	beccheggio [be'kedgeeyoh]
port, harbour	porto ['portoh]
port-hole	oblò [ob'lo]
prow	prua ['prooah]
quay	banchina [ban'keenah]
to raise the sails	issare le vele [iss'ahrey leh 'vehleh]
rolling	rollio [roll'eeyoh]
route, course	rotta ['rottah]
rudder	timone [ti'mohneh]
sail	vela ['vehlah]
to sail	salpare [sal'pahreh]
sailor	marinaio [marin'aiyoh]
sea	mare ['mahreh]
calm sea	mare calmo ['mahreh 'kalmoh]
rough sea	mare mosso ['mahreh 'mossoh]
stormy sea	mare in burrasca ['mahreh in boor'askah]
sea-sickness	mal di mare [mal di 'mahreh]
sea travel	viaggio in mare [veey'adgeeyoh in 'mahreh]
ship	nave ['nahveh]
cargo-ship	nave da trasporto ['nahvey dah tras'portoh]
passenger ship	nave passeggeri ['nahvey passedg'yeri]
skipper	skipper ['skipper]
spanker	randa ['randah]
spinnaker	spinnaker ['spinakker]
stay	sartia, strallo ['sarteeyah, 'stralloh]
stern	poppa ['poppah]
storm	burrasca [boor'askah]
strait	stretto ['strettoh]
tide	marea [mar'eyah]
high tide	alta marea ['altah mar'eyah]
low tide	bassa marea ['bassah mar'eyah]

tug-boat	rimorchiatore [*rimorcheeya'tohreh*]
water depth	profondità dell'acqua [*profondi'tah dell'akwah*]
wave	onda [*'ondah*]
whistle	sirena [*si'reynah*]

I'd like to book a car passage for the ferry to ... for the day ...	Vorrei prenotare un posto macchina sul traghetto per ... il giorno ... [*vorr'eh preno'tahreh oon 'postoh 'makinah sool trag'ettoh peyr ... eel 'jornoh ...*]
I'd like to book a two-berth cabin on the ship to ...	Vorrei prenotare una cabina a due letti sulla nave per ... [*vorr'eh preno'tahreh 'oonah ka'beenah a 'dooeh 'letti 'soolah 'nahveh peyr ...*]
How much does a cabin for two people in second class cost?	Quanto costa una cabina per due persone in seconda classe? [*'kwantoh 'kostah 'oonah ka'beenah peyr 'dooeh per'sohneh in se'kondah 'klasseh?*]
How long does the crossing take?	Quanto dura la traversata? [*'kwantoh 'doorah lah travers'ahtah?*]
Is there a connection with the train to ...?	C'è la coincidenza con il treno per ...? [*cheh la kohinchi'dentsah kon eel 'trehnoh peyr ...?*]
When does the ship weigh anchor?	Quando salpiamo? [*'kwandoh salpee'yamoh?*]
When does the ferry leave?	Quando parte il traghetto? [*'kwandoh 'parteh eel trag'ettoh?*]
What time do we arrive to ...?	A che ora arriva a ...? [*a chey 'ohrah a'reevah a ...?*]

112

What time does the tourist boat leave?	A che ora parte il battello per la gita turistica? [a keh 'ohrah 'parteh eel ba'telloh peyr lah 'jeetah toor'istikah?]
How long does the excursion last?	Quanto dura il giro? ['kwantoh 'doorah eel 'jeeroh?]
Is it possible to dine on board?	Si può pranzare a bordo? [see pwoh prants'ahreh a 'bordoh?]

Dogana [dog'ahnah]

border	frontiera [frontee'yerah]
change office	ufficio cambio [oo'feecheeyoh 'kambeeyoh]
control	controllo [kon'trolloh]
customs	dogana [do'gahnah]
to declare	dichiarare [dikeeya'rahreh]
driver's licence	patente di guida [pa'tentey di 'gweedah]
green card	carta verde ['kahrtah 'veyrdeh]
identity card	carta d'identità ['kahrtah didenti'tah]
log-book	libretto di circolazione [li'brettoh di cheerkolatsee'oneh]
money	denaro [den'ahroh]
passport	passaporto [passa'portoh]
state border	confine di stato [kon'feeneh di 'stahtoh]

Have you anything to declare?
Ha qualcosa da dichiarare? [ah kwal'kozah dah dikeeya'rahreh?]

I have nothing to declare
Non ho niente da dichiarare [non oh nee'yenteh dah dikeeya'rahreh]

Where is the change office, please?
Dov'è l'ufficio cambio, per favore? [dov'eh loo'feecheeyoh 'kambeeyoh, peyr fa'voreh?]

How far is the nearest petrol station?	Quanto dista il primo distributore? ['kwanto 'deestah eel 'preemo distriboo'tohreh?]
Is there a lot of traffic on the motorway to ...?	C'è molto traffico sull'autostrada per ...? [cheh 'moltoh 'trafikoh soolowto'strahdah peyr ...?]
Is the traffic slowing down near ...?	Sono previsti rallentamenti all'entrata di ...? [sohnoh pre'veesti rallenta'menti allen'trahtah di ...?]

Vacanze / La sistemazione
[*va'kantseh / lah sistematsee'yoneh*]

TOURIST INFORMATION OFFICE
Ufficio informazioni turistiche
[*oo'feechheyoh informatsee'yoni toor'istikeh*]

Where is the ... hotel, please?	Dove si trova l'albergo ... per favore? [*'doveh si 'trohvah lal'beyrgoh ... peyr fa'voreh?*]
I would like to see the list of rooms for rent, please	Vorrei l'elenco delle camere in affitto per favore [*vorr'eh lel'enkoh 'delleh 'kamereh in a'fittoh peyr fa'voreh*]
Could you give me the list of hotels and bed-and-breakfast lodgings, please?	Può darmi per cortesia l'elenco completo degli alberghi e delle pensioni? [*pwoh 'dahrmi peyr kortez'eeyah lel'enkoh kom'pleytoh 'deyli al'beyrghi eh 'delleh pensee'yoni?*]
Could you look for a double room with bath for tonight, please?	Può cercarmi una stanza doppia con servizi per stanotte, per favore? [*pwoh cher'kahrmi 'oonah 'stantsah 'doppeeyah kon ser'vitsi peyr sta'notteh, peyr fa'voreh?*]
We are looking for a cheap hotel near the centre	Cerchiamo un albergo a prezzo modico vicino al centro [*cherkee'yamoh oon al'beyrgoh a 'pretsoh 'modikoh vi'cheenoh al 'chentroh*]
We don't want to spend more than ... per night	Non vogliamo spendere più di ... lire a notte [*non volee'yamoh 'spendereh pew di ... 'leereh a 'notteh*]

116

Is it far from the railway station?	È lontano dalla stazione? [eh lon'tahnoh 'dallah statsee'yoneh?]
Is the room with bath?	C'è il bagno in camera? [cheh eel 'banyoh in 'kamerah?]
Is breakfast included?	È compresa la prima colazione? [eh kom'preyzah lah 'preemah kolatsee'yoneh?]
Can you show me the way to get there on this map?	Può indicarmi sulla pianta come arrivarci? [pwoh indi'kahrmi 'soolah pee'yantah 'komeh arri'vahrchi?]

HOTELS, BED-AND-BREAKFAST AND PRIVATE LODGINGS
Albergo, pensione e alloggio privato
[al'beyrgoh, pensee'yoneh eh all'odgeeyoh pri'vahtoh]

air-conditioning	aria condizionata ['ahreeyah konditseeyon'ahtah]
alarm-clock	sveglia ['svelyah]
all included	tutto compreso ['tootoh kom'preyzo]
arrival	arrivo [arr'eevoh]
balcony	terrazza [terr'atsah]
bathroom	bagno, servizi igienici ['banyoh, ser'vitsi idg'eynichi]
bathtub	vasca da bagno ['vaskah dah 'banyoh]
bed	letto ['lettoh]
bill	conto ['kontoh]
blanket	coperta [ko'peyrtah]
board	pensione [pensee'yoneh]
full board	pensione completa [pensee'yoney kom'pleytah]
half board	mezza pensione ['medzah pensee'yoneh]
breakfast	prima colazione ['preemah kolatsee'yoneh]

camper	camper [*'kamper*]
camping	campeggio [*kam'pedgeeyoh*]
category	categoria [*kateygor'eeyah*]
coathanger	appendiabiti [*appendi'ahbiti*]
courtain	tenda [*'tendah*]
cover charge	coperto [*ko'peyrtoh*]
departure	partenza [*par'tentsah*]
dining-room	sala da pranzo [*'sahlah dah 'prantsoh*]
dinner	cena [*'cheynah*]
floor	piano [*pee'yanoh*]
hallway	corridoio [*korri'doyoh*]
heating	riscaldamento [*riskalda'mentoh*]
hotel	albergo [*al'beyrgoh*]
house-phone	citofono [*chee'tofonoh*]
ironing shop	stireria [*stirer'eeyah*]
key	chiave [*kee'yahveh*]
landlord/landlady	padrone/padrona di casa [*pad'roneh/pad'ronah di 'kahzah*]
laundry service	lavanderia [*lavander'eeyah*]
layby	piazzola [*peeyats'ohlah*]
lift	ascensore [*ashen'sohreh*]
light	luce [*'loocheh*]
linen	biancheria [*beeyanker'eeyah*]
lock	serratura [*serra'toorah*]
lodging	alloggio [*al'odgeeyoh*]
luggage	bagaglio [*ba'galyoh*]
lunch	pranzo [*'prantsoh*]
maid	cameriera [*kameree'yerah*]
mattress	materasso [*mater'assoh*]
night porter	portiere di notte [*portee'yerey di 'notteh*]
night table	comodino [*komo'deenoh*]

order	consumazione [konsoomatsee'yoneh]
pillow	cuscino [koo'sheenoh]
pillow-case	federa ['feyderah]
plug	spina ['speenah]
registration	accettazione [atchetatsee'yoneh]
reservation	prenotazione [prenotatsee'yoneh]
restaurant	ristorante [ristor'anteh]
room	camera ['kamerah]
double room	camera doppia ['kamerah 'doppyah]
room with bath	camera con bagno ['kamerah kon 'banyoh]
single room	camera singola ['kamerah 'singolah]
room fridge	frigobar [freego'bar]
service	servizio [ser'vitseeyoh]
laundry service	servizio di lavanderia [ser'vitseeyoh di lavander'eeyah]
room service	servizio in camera [ser'vitseeyoh in 'kamerah]
service included	servizio compreso [ser'vitsyoh kom'preyzoh]
sheets	lenzuola [lents'wohlah]
shower	doccia ['dotchah]
sink	lavandino [lavan'deenoh]
soap	sapone [sa'poneh]
socket	presa di corrente ['preyzah di korr'enteh]
stay	pernottamento [pernotta'mentoh]
suitcase	valigia [va'leedgeeyah]
switchboard	centralino [chentral'eenoh]
tap, faucet	rubinetto [roobin'ettoh]
telephone	telefono [te'lefonoh]
television	televisione [televizee'yoneh]
toilet paper	carta igienica ['kahrta idg'eynikah]
towel	asciugamano [ashooga'mahnoh]
waiter/waitress	cameriere/a [kameree'yerah/eh]

wardrobe	armadio [ar'mahdeeyoh]
water	acqua ['akwah]
cold water	acqua fredda ['akwah 'freddah]
hot water	acqua calda ['akwah 'kaldah]
non-drinkable water	acqua non potabile ['akwah non po'tahbileh]
window	finestra [fin'estrah]

I come from the tourist office	Mi manda l'ufficio turistico [mee 'mandah loo'feecheeyoh toor'istikoh]
May I see the room?	Posso vedere la camera? ['possoh ve'dehrey lah 'kamerah?]
It's too noisy. Have you got one away from the street?	È troppo rumorosa. Ce n'è una che dà sull'interno? [eh 'troppoh roomor'ohzah. cheh neh 'oonah keh dah soolin'teyrnoh?]
Is it possible to have an extra-bed?	È possibile aggiungere un altro letto? [eh poss'eebileh adg'unjereh oon 'altroh 'lettoh?]
Can I have another blanket / pillow?	Posso avere un'altra coperta / un altro cuscino? ['possoh a'veyreh oon'altrah ko'peyrtah / oon 'altroh koo'sheenoh?]
At what time is breakfast served?	A che ora viene servita la colazione? [a keh 'ohrah vee'yeneh ser'veetah lah kolatsee'yoneh?]
Good morning, have you got a room for tonight?	Buongiorno, avete una camera libera per stanotte? [bwon'jornoh, a'veyteh 'oonah 'kamerah 'leeberah peyr sta'notteh?]
How much does it cost?	Quanto costa? ['kwantoh 'kostah]

120

With breakfas included?	È inclusa la colazione? [*eh in'kloozah lah kolatsee'yoneh?*]
Good evening, my name is Mr ..., I have a reservation	Buonasera, sono il signor ..., ho prenotato una camera [*bwona'seyrah, 'sohnoh eel 'seenyor ..., oh preno'tahtoh 'oonah 'kamerah*]
I want to stay for one night / one week / till Sunday	Mi fermo una notte / una settimana / fino a domenica [*mee 'feyrmoh 'oonah 'nottey / 'oonahh setti'mahnah / 'feenoh a do'meynikah*]
Where can I park the car?	Dove posso parcheggiare l'auto? [*'doveh 'possoh parkedg'yareh 'lowtoh?*]
Please, take my luggage up to my room	Mi faccia portare i bagagli in camera, per favore [*mee 'fatchah por'tahrey ee ba'galyi in 'kamerah, peyr fa'voreh*]
Are there any messages for me?	Ci sono messaggi per me? [*chee 'sohnoh mess'adgi peyr meh?*]
If someone asks for me, please tell him/her that I'll be back by 10 o'clock	Se qualcuno mi cerca, gli dica per favore che rientrerò alle 22 [*sey kwal'koonoh mi 'cherkah li 'deekah peyr fa'vorey cheh riyentrer'oh 'alleh venti'dooeh*]
Up to what time does the front door stay open?	Fino a che ora rimane aperto il portone? [*'feenoh a cheh 'ohrah ri'mahney a'peyrtoh eel port'toneh?*]
Please, wake me up at 7 o'clock tomorrow	Vorrei essere svegliato alle 7, per favore [*vorr'eh 'essereh svel'yahtoh 'alleh 'setteh peyr fa'vorey*]

I'm leaving tomorrow, can you give me the bill?	Parto domattina, può prepararmi il conto? [*'parto doma'teenah, pwoh prepahr'ahrmi eel 'kontoh?*]
Could you order a taxi, please?	Mi chiama un taxi per favore? [*mi kee'yamah oon 'taxi, peyr fa'voreh?*]
Can I leave my luggage here till ... o'clock?	Posso lasciare i bagagli in albergo fino alle ...? [*'possoh lash'ahreh ee ba'galyi in al'beyrgo 'feenoh 'alleh ...?*]

YOUTH HOSTEL

Ostello della gioventù [*o'stelloh 'dellah joven'too*]

Excuse me, can you tell me where is the youth hostel?	Scusi, può dirmi dov'è l'ostello della gioventù? [*'skoozi, pwoh 'deermeh dov'eh lo'stelloh 'dellah joven'too?*]
Is there a bus to get there?	C'è un mezzo pubblico per arrivarci? [*cheh oon 'medzoh 'poobliko peyr arri'varchi?*]
Have you got two places for tonight?	Avete due posti letto per stanotte? [*a'veyteh 'dooeh 'posti 'lettoh peyr sta'notteh?*]
How much is it just for a bed?	Quanto costa il solo pernottamento? [*'kwantoh 'kostah eel 'sohloh pernotta'mentoh?*]
There are six of us, four boys and two girls, and we would like to stay till Monday. Is it possible?	Siamo in sei, quattro ragazzi e due ragazze, e vorremmo fermaci fino a lunedì. È possibile? [*si'yamoh in sey, 'kwatroh ra'gatsi eh 'dooeh ra'gatseh, eh vorr'emmoh feyr'marchi 'feenoh a looney'di. eh poss'eebileh?*]

We have a reservation, these are our papers	Abbiamo prenotato, ecco i nostri documenti [abbee'yahmoh preno'tahtoh, 'ekkoh ee 'nostri dokoo'menti]
We would like to stay here for three or four days	Vorremmo fermarci tre o quattro giorni [vorr'emmoh feyr'marchi treh oh 'kwatro 'jorni]
Where can we leave our bicycles?	Dove possiamo lasciare le biciclette? ['doveh possee'yamoh lash'ahreh leh bichi'kletteh?]
At what time is breakfast served?	A che ora possiamo fare colazione? [a kay 'ohrah possee'yamoh 'fahrey kolatsee'yoneh?]
Where is the telephone?	Dov'è il telefono? [dov'eh eel te'lefonoh?]
Where is the kitchen / the launderette	Dov'è la cucina / la lavanderia? [dov'eh lah koo'cheenah / lah lavander'eeyah?]

CAMPING

Campeggio [kam'pedgeeyoh]

Where is the nearest camp site, please?	Dov' è il campeggio più vicino per favore? [dov'eh eel kam'pedgeeyoh pew vi'cheenoh peyr fa'voreh?]
There is two of us with a tent	Siamo in due con una tenda canadese [si'yamoh in 'dooeh kon 'oonah 'tendah kana'deyzeh]
We are a family of three in a camper	Siamo una famiglia di tre persone in un camper [si'yamoh 'oonah fa'meelyah di treh per'sohneh in oon 'kamper]

123

We are staying for two nights	Ci fermiamo due notti [*chi feyrmee'yamoh 'dooeh 'notti*]
What are your rates?	Quali sono le tariffe? [*'kwali 'sohnoh leh tar'iffeh?*]
Can I have a map of the camp site?	Posso avere la pianta del campeggio? [*'possoh a'veyreh lah pee'yantah del kamp'edgeeyoh?*]
Where can I place the tent?	Dove posso montare la tenda? [*'doveh 'possoh mon'tahreh lah 'tendah?*]
Could you help me with the tent?	Può aiutarmi a montare la tenda? [*pwoh ayoo'tahrmi a mon'tahreh lah 'tendah?*]
Can you lend me a hammer / a rope / a groundsheet?	Può prestarmi un martello / una corda / un telo impermeabile? [*pwoh prest'ahrmi oon mar'telloh / 'oonah 'kordah / oon 'teyloh impermee'ahbileh?*]
Where is the car park?	Dov'è il parcheggio? [*dov'eh eel park'edgeeyoh?*]
Where are the lavatories?	Dove sono i servizi? [*'doveh 'sohnoh ee ser'vitsi?*]
Is hot water included in the price?	L'acqua calda è compresa nel prezzo? [*'lakwah 'kaldah eh kom'preyzah nel pretsoh?*]
Is there a shop in the camp site?	C'è un supermercato nel campeggio? [*cheh oon soopeyrmer'kahtoh nel kam'pedgeeyoh?*]
Is it possible to have breakfast in the camp shop?	Si può fare colazione al bar del campeggio? [*si pwoh 'fahreh kolatsee'yoneh al bar del kam'pedgeeyoh?*]

Where can I refill my camping-gas cylinder?	Dove posso far caricare la bombola del gas? ['doveh 'possoh far kari'kahreh lah 'bombolah del gas?]
I would like to have the power connection / the fridge	Vorremmo l'allacciamento elettrico / il frigorifero [vorr'emmoh lalatcha'mentoh el'ettrikoh / eel freego'riferoh]
I would like a shady spot	Vorrei un posto all'ombra [vorr'eh oon 'postoh al'ombrah]
I would like a quiet spot because we travel with a baby	Vorrei un posto tranquillo, abbiamo un bambino piccolo [vorr'eh oon 'postoh tran'kwilloh, abbee'yamoh oon bam'beenoh 'pikkoloh]
I wish like to order some bread for tomorrow	Vorrei prenotare il pane per domani [vorr'eh preno'tahreh eel 'pahneh peyr do'mahni]
Have you got some brochures about ...?	Ha del materiale informativo su ...? [a del mateyree'ahley informa'teevoh soo ...?]
At what time does the gate close in the evening?	A che ora chiude il cancello la sera? [a kay ohrah kee'yoodeh eel kan'chelloh lah 'seyrah?]
We are leaving very early tomorrow, I'd like to settle the bill	Noi partiamo domattina molto presto, vorrei saldare il conto [noy partee'yamoh doma'teenah 'moltoh 'prestoh, vorr'eh sal'dahreh eel 'kontoh]

Vacanze al mare [va'kantseh al 'mahreh]

anchor	ancora ['ankorah]
bait	esca ['eskah]
bathing-suit	costume da bagno [kos'toomeh dah 'banyoh]
beach	spiaggia [spee'adgeeyah]
bikini	bikini [bi'keeni]
billows	onde alte ['ondeh 'alteh]
boat race	regata [re'gahtah]
cabin	cabina [ka'beenah]
canoe	canoa [kan'owah]
crab	granchio ['grankyoh]
deckchair	sdraio ['sdraiyoh]
dinghy	canotto [kan'ottoh]
fish	pesce ['pesheh]
fishing	pesca ['peskah]
fishing-rod	canna da pesca ['kannah dah 'peskah]
underwater fishing	pesca subacquea ['peskah soob'akweyah]
hook	amo ['ahmoh]
immersion	immersione [immersee'yoneh]
inflatable mattress	materassino [materass'eenoh]
island	isola ['eezolah]
lifeguard	bagnino [ban'yeenoh]
light-house	faro ['fahroh]
line	lenza ['lentsah]
mooring	ormeggio [or'medgeeyoh]
oar	remo ['reymoh]
oxigen tank	bombola di ossigeno

	[*'bombolah di oss'idgenoh*]
paddle	pagaia [*pag'aiyah*]
pine-woods	pineta [*pin'eytah*]
rock	scoglio [*'skolyoh*]
rowing-boat	barca a remi [*'barkah a 'reymi*]
rubber dinghy	gommone [*goh'mohneh*]
sail	vela [*'veylah*]
sand	sabbia [*'sabbyah*]
sea	mare [*'mahreh*]
calm sea	mare calmo [*'mahreh 'kalmoh*]
rough sea	mare mosso [*'mahreh 'mossoh*]
sea-shell	conchiglia [*kon'keelyah*]
seaweed	alga [*'alghah*]
shell-fish	crostaceo [*kros'tahcheyoh*]
shipreck	naufragio [*now'fradgeeyoh*]
starfish	stella marina
	[*'stellah ma'reenah*]
storm	burrasca, tempesta
	[*boor'askah, tem'pestah*]
sub	subacqueo [*soob'akweyoh*]
sunshade	ombrellone [*ombrell'ohneh*]
surf	surf [*serf*]
swim	bagno [*'banyoh*]
to swim	nuotare [*nwo'tahreh*]
tide	marea [*mah'reyah*]
high tide	alta marea [*'altah mah'reyah*]
low tide	bassa marea [*'bassah mah'reyah*]
water skiing	sci d'acqua [*shee 'dakwah*]
wave	onda [*'ondah*]
wet-suit	muta [*'mootah*]
wind-surf	windsurf [*'windserf*]
I'd like to hire a	Vorrei noleggiare una cabina per una
cabin for one week	settimana
	[*vorr'eh noledgee'yahreh 'oonah*
	ka'beenah peyr 'oonah setti'mahnah]

Where can we hire a boat?	Dove possiamo noleggiare una barca? [*'doveh possee'yamoh noledgee'yahreh 'oonah 'barkah?*]
How much is it for one day?	Quanto costa per una giornata? [*'kwantoh 'kostah peyr 'oonah jor'nahtah?*]
Are there any dangerous currents / shallows?	Ci sono correnti / fondali pericolosi? [*chee 'sohnoh korr'enti / fon'dahli periko'lohzi?*]
Are there any lifebelts on board?	Ci sono i salvagente a bordo? [*chee 'sohnoh ee salva'jentey a 'bordoh?*]
Is there an emergency-kit?	C'è tutto l'occorrente in caso di emergenza? [*cheh 'tooto lokorr'enteh in 'kahzoh di emer'jentsah?*]
We would like to go deep-sea fishing. Where can we buy bait?	Vorremmo fare pesca d'altura. Dove possiamo acquistare le esche? [*vorr'emmoh 'fahreh 'peskah dal'toorah, 'doveh possee'yamoh akwist'ahreh leh 'eskeh?*]
I would like to take sailing / windsurf lessons. How much does it cost per hour?	Vorrei prendere lezioni di vela / windsurf. Quanto costa all'ora? [*vorr'eh 'prenderey letsee'yoni di 'veylah / 'windserf, 'kwantoh 'kostah al'ohrah?*]

VACATIONING IN THE MOUNTAINS

Vacanze in montagna [va'kantseh in mon'tanyah]

after-skiing	doposci [dopo'shee]
air	aria ['ahreeyah]
ash-tree	frassino ['frassinoh]
avalanche	valanga [va'langah]
badger	tasso ['tassoh]
bear	orso ['orsoh]
bilberry	mirtillo [meer'tilloh]
bird	uccello [oo'chelloh]
bird of prey	uccello rapace [oo'chelloh rap'ahcheh]
blackberry	mora ['mohrah]
boletus	fungo porcino ['foongoh por'cheenoh]
broad-leaved trees	latifoglie [latti'folyee]
cable railway	funicolare [fooniko'lahreh]
cableway	funivia [fooni'veeyah]
cap	berretto [ber'ettoh]
chair-lift	seggiovia [sedgeeyoh'veeyah]
chestnut tree	castagno [kas'tanyoh]
cleft, crevasse	crepaccio [krep'atcheeyoh]
climb	arrampicata [arrampi'kahtah]
climbing-boots	scarponi [skar'pohni]
cloud	nuvola ['noovolah]
conifers	conifere [kon'ifereh]
cow	mucca ['mookah]
deer	daino ['daiynoh]
eagle	aquila ['akwilah]
elm	olmo ['olmoh]
equipment	attrezzatura [attretsa'toorah]
fir-tree	abete [ab'eyteh]
flower	fiore [fee'yoreh]
free-climbing	free climbing [free 'klyming]

goat	capra [*'kaprah*]
hang-gliding	parapendio [*parapen'deeyoh*]
hawk	falco [*'falkoh*]
holm-oak	leccio [*'letcheeyoh*]
horizon	orizzonte [*orits'onteh*]
ice	ghiaccio [*ghee'atcheeyoh*]
ice-skating rink	pista da pattinaggio su ghiaccio [*'peestah dah pattin'adgeeyoh soo ghee'atcheeyoh*]
lake	lago [*'lahgoh*]
larch	larice [*'laricheh*]
lynx	lince [*'lincheh*]
marmot	marmotta [*mar'mottah*]
moon	luna [*'loonah*]
mountain climber	alpinista [*alpin'eestah*]
mountain climbing	alpinismo [*alpin'eezmoh*]
mountain hut	baita [*'baiytah*]
mushroom	fungo [*'foongoh*]
pass	abbonamento [*abonna'mentoh*]
day-pass	abbonamento giornaliero [*abonna'mentoh jornalee'yeroh*]
pasture	pascolo [*'paskoloh*]
path	sentiero [*sentee'yeroh*]
cross-country skiing path	pista da fondo [*'peestah dah 'fondoh*]
difficult path	sentiero impegnativo [*sentee'yeroh impenya'teevoh*]
easy path	sentiero facile [*sentee'yeroh 'facheeleh*]
marked path	sentiero segnalato [*sentee'yeroh senya'lahtoh*]
pegs	chiodi [*kee'yodi*]
picnic	merenda al sacco [*mer'endah al 'sakkoh*]
pine-tree	pino [*'peenoh*]
plateau	altopiano [*altopee'yahnoh*]

raspberry	lampone [*lam'pohneh*]
red-currant	ribes [*'reebes*]
refuge	rifugio [*ri'foodgeeyoh*]
reptile	rettile [*'rettileh*]
road	strada [*'strahdah*]
rock	roccia [*'rotchah*]
roe-deer	capriolo [*kapree'oloh*]
roping	cordata [*kor'dahtah*]
rucksack	zaino [*'dzaiynoh*]
saddle	sella [*'sellah*]
sheep	pecora [*'peykorah*]
skates	pattini [*'pattini*]
ski, skiing	sci [*shee*]
cross-country ski, skiing	sci da fondo [*shee dah 'fondoh*]
downhill ski, skiing	sci da discesa [*shee dah di'cheyzah*]
ski-boots	scarponi [*skar'pohni*]
ski-lift	skilift [*skee'lift*]
ski-pass	skipass [*skee'pass*]
ski poles	bastoni da sci [*bas'tohni dah shee*]
ski resort	località sciistica [*lokali'tah shee'istikah*]
ski station	impianti sciistici [*impee'yanti shee'istichi*]
ski vacation	settimana bianca [*setti'mahnah bee'yankah*]
ski wax	sciolina [*sheeyo'leenah*]
sky	cielo [*chee'eyloh*]
sleigh	slitta [*'zlittah*]
slope	pista [*'peestah*]
downhill slope	pista da discesa [*'peestah dah di'cheyzah*]
snow	neve [*'neyveh*]
spring	sorgente [*sor'jenteh*]
squirrel	scoiattolo [*skoy'attoloh*]
stag	cervo [*'chervoh*]
stiks, snow-shoes	racchette [*ra'ketteh*]
summit	vetta [*'vettah*]
sun	sole [*'sohleh*]

131

top, summit	cima, vetta [*'cheema, 'vettah*]
torrent	torrente [*torr'enteh*]
trees	alberi [*'alberi*]
trek	escursione [*eskoorsee'yoneh*]
valley	valle [*'valleh*]
village	villaggio [*vill'adgeeyoh*]
viper	vipera [*'veeperah*]
walk, trek	camminata [*kamin'ahtah*]
walking-stick	bastone [*bas'tohneh*]
water	acqua [*'akwah*]
water-bottle	borraccia [*borr'atchah*]
waterfall	cascata [*kas'kahtah*]
wind	vento [*'ventoh*]
wind-breaker	giacca a vento [*'jakka a 'ventoh*]
woods	bosco [*'boskoh*]
yew-tree	tasso [*'tassoh*]

Is this road
practicable by car?

La strada è praticabile in auto?
[*lah 'strahdah eh pratic'ahbileh in
'owtoh?*]

Should I put
snow-chains on the
tyres?

Devo montare le catene?
[*'deyvoh mon'tahreh leh ka'teyneh?*]

How far can we go
by car?

Fino a dove si arriva con la macchina?
[*'feenoh a 'doveh si a'reevah kon lah
'makinah?*]

Can it be reached on
foot?

Si può raggiungere a piedi?
[*si pwoh ra'junjehreh a pee'yeydi?*]

We would like to get
to the ... refuge. Is it
a difficult trek?

Vorremmo arrivare al rifugio ... È un
percorso impegnativo?
[*vorr'emmoh arri'vahreh al
ri'foodgeeyoh ... eh oon per'korsoh
impenya'teevoh?*]

How many hours does it take to get to the top?	Quante ore ci vogliono per arrivare in cima? ['kwanteh 'ohreh chee vol'yonoh peyr arri'vahreh in 'cheemah?]
Can you show me the way on this map?	Mi può indicare il percorso sulla cartina? [mi pwoh indi'kahreh eel per'korsoh 'soolah kahr'teenah?]
Where can I fill up my water-bottle?	Dove posso riempire la borraccia? ['doveh 'possoh reeyem'peereh lah borr'atchah?]
Is this path marked?	È segnalato questo sentiero? [eh senya'lahtoh 'kestoh sentee'yeroh?]
Is it possible to stop for the night in the hut?	Si può pernottare nella baita? [si pwoh pernott'ahreh 'nellah 'baiytah?]
At what time and where do we meet?	A che ora e dove dobbiamo trovarci? [a keh 'ohrah eh 'doveh dobbee'yamoh troh'vahrchi?]
At what time are we supposed to come back?	Per che ora è previsto il ritorno? [peyr cheh 'ohrah eh pre'veestoh eel ri'tornoh?]
Do not pick mushrooms / flowers	Vietato raccogliere i funghi / i fiori [veeyet'ahtoh ra'kolyereh ee 'foonghi / ee fee'yori]
Do not light fires	Vietato accendere fuochi [veeyet'ahtoh atch'enderey fwohki]
No hunting / no fishing	Divieto di caccia / divieto di pesca [divee'yeytoh di 'katchah / divee'yeytoh di 'peskah]

I'd like to rent a pair of downhill skiis / cross-country skiis	Vorrei noleggiare un paio di sci da discesa / sci da fondo [*vorr'eh noledgee'yahreh oon 'paiyoh di shee dah di'cheyzah / shee dah 'fondoh*]
A pair of ski-boots size 6 1/2, please	Un paio di scarponi numero 40 per favore [*oon 'paiyoh di skar'pohni 'noomeroh kwaran'ta peyr fa'voreh*]
Can you adjust the bindings for me, please?	Mi può regolare gli attacchi? [*mi pwoh rego'lahreh li att'akki?*]
I would like a day-pass	Vorrei un abbonamento giornaliero [*vorr'eh oon abbonna'mentoh jornalee'yeroh*]
Have you got a map of all the ski-slopes?	Ha una cartina con tutte le piste? [*a 'oonah kahr'teenah kon 'tootey leh 'peesteh?*]
Is there fresh snow on the slopes?	C'è neve fresca sulle piste? [*cheh 'neyveh 'freskah sooleh 'peesteh?*]
How's skiing today?	Si scia bene oggi? [*si 'sheeyah 'beyneh 'odgi?*]
Has it snowed a lot in the last few days?	Ha nevicato molto negli ultimi giorni? [*a nevi'kahtoh 'moltoh 'neyli 'ooltimi 'jorni?*]
The snow is frozen / is fresh / is not packed	La neve è ghiacciata / è fresca / non è battuta [*lah 'neyveh eh gheeatch'ahtah / eh 'freskah / non eh ba'tootah*]

134

I wish to take skiing lessons. How much does it cost for one week?	Vorrei prendere delle lezioni di sci. Quanto costa un corso di una settimana? [*vorr'eh 'prendehreh 'delleh letsee'yoni di shee. 'kwantoh 'kostah oon 'korso di 'oonah setti'mahnah?*]
I would like to take skiing lesson with an instructor for two hours a day. How much does it cost?	Vorrei fare due ore al giorno con il maestro. Quanto costa? [*vorr'eh 'fahreh 'dooeh 'ohreh al 'jornoh kon eel may'estroh. 'kwantoh 'kostah?*]
Are there any easy slopes?	Ci sono piste facili? [*chee 'sohnoh 'peesteh 'facheeli?*]
Are there any cross-country paths?	Ci sono piste da fondo? [*chee 'sohnoh 'peesteh dah fondoh?*]
Are there short / long courses?	Ci sono circuiti brevi / lunghi? [*chee 'sohnoh cheer'kooiti 'breyvi / 'lunghi?*]

Vacanze in campagna [va'kantseh in kam'panyah]

agritourism	agriturismo [agritoor'izmoh]
air	aria ['ahreeyah]
animal	animale [ani'mahleh]
domestic animal	animale domestico [ani'mahley do'mestikoh]
farmyard animal	animale da cortile [ani'mahley dah kor'teeleh]
wild animal	animale selvatico [ani'mahley sel'vatikoh]
apple	mela ['meylah]
apple-tree	melo ['meyloh]
barley	orzo ['ortsoh]
bee	ape ['ahpeh]
bee-hive	arnia ['arneeyah]
bicycle path	pista ciclabile ['peestah chik'lahbileh]
bicycle touring	cicloturismo [cheeklotoor'izmoh]
bilberry	mirtillo [meer'tilloh]
bird	uccello [oo'chelloh]
blackberry	mora ['mohrah]
breeding	allevamento [alleva'mentoh]
brumble	rovo ['rohvoh]
bull	toro ['toroh]
cat	gatto ['gattoh]
cherry	ciliegia [chilli'eyjah]
cherry tree	ciliegio [chilli'eyjoh]
cottage	villa ['villah]
country inn, restaurant	trattoria [trattor'eeyah]
country-side	campagna [kam'panyah]
cow	mucca ['mookkah]
cultivation, growing	coltura [kol'toorah]
pesticide-free cultivation	coltura biologica [kol'toorah beeoh'lodgikah]
ditch	fosso ['fossoh]

dog	cane [*'kahneh*]
duck	anatra [*'ahnatrah*]
elder	sambuco [*sam'bookoh*]
farm	fattoria [*fattor'eeyah*]
farmer	contadino [*konta'deenoh*]
farmhouse	casa colonica [*'kahzah kol'onikah*]
farmstead	cascinale [*kashi'nahleh*]
farmyard	cortile [*kor'teeleh*]
fence	steccato [*ste'kahtoh*]
field	campo [*'kampoh*]
fish	pesce [*'pesheh*]
flower	fiore [*fee'yohreh*]
fruit	frutta [*'froottah*]
garden	orto [*'ortoh*]
goose	oca [*'ohkah*]
grapes	uva [*'oovah*]
hare	lepre [*'leypreh*]
hedge	siepe [*si'yeypeh*]
hen, chicken	gallina [*gall'eenah*]
hill	collina [*koll'eenah*]
honey	miele [*mi'yeyleh*]
hop	luppolo [*'loopoloh*]
horse	cavallo [*ka'valloh*]
horse-riding	equitazione [*ekwitatsee'yoneh*]
lake	lago [*'lahgoh*]
meadow	prato [*'prahtoh*]
mill	mulino [*moo'leenoh*]
moon	luna [*'loonah*]
mulberry-tree	gelso [*'jelsoh*]
oak-tree	quercia [*'kweyrtchah*]
orchard	frutteto [*froo'teytoh*]
outing	escursione [*eskoorsee'yoneh*]

pear	pera [*'peyrah*]
pear-tree	pero [*'peyroh*]
pen	recinto [*re'chintoh*]
pheasant	fagiano [*fadg'yahnoh*]
picnic	picnic [*pik'nik*]
pig	maiale [*maiy'ahleh*]
plain	pianura [*peeyan'oorah*]
plant	pianta [*pee'yantah*]
plum	susina [*soo'zeenah*]
plum-tree	susino [*soo'zeenoh*]
pond	stagno [*'stanyoh*]
poplar	pioppo [*pee'yoppoh*]
pub	osteria [*oster'eeyah*]
rabbit	coniglio [*kon'eelyoh*]
raspberry	lampone [*lam'pohneh*]
red-currant	ribes [*'reebes*]
rented room	camera in affitto [*'kamerah in a'fittoh*]
riding-track	maneggio [*man'edgeeyoh*]
river	fiume [*fee'yoomeh*]
road	strada [*'strahdah*]
rooster	gallo [*'galloh*]
sky	cielo [*chee'yeloh*]
stable	stalla [*'stallah*]
sun	sole [*'sohleh*]
tree	albero [*'albeyroh*]
vegetables	verdura [*ver'doorah*]
village	villaggio [*vill'adgeeyoh*]
vine	vite [*'veeteh*]
vineyard	vigneto [*vin'yeytoh*]
walk	passeggiata [*passedg'yahtah*]
water	acqua [*'akwah*]
weeping-willow	salice [*'salicheh*]
wheat	grano [*'grahnoh*]
wind	vento [*'ventoh*]
woods	bosco [*'boskoh*]

Do not pick mushrooms / flowers	Vietato raccogliere i funghi / i fiori [*veeyet'ahtoh ra 'kolyereh ee 'foonghi / ee fee'yori*]
Do not light fires	Vietato accendere fuochi [*veeyet'ahtoh a'tchendereh 'fwohki*]
No hunting / no fishing	Divieto di caccia / divieto di pesca [*divee'yeytoh di 'katchah / divee'yeytoh di 'peskah*]
When is apple-picking going to start?	Quando inizia la raccolta delle mele? [*'kwandoh in'itseeyah lah ra'koltah 'delleh 'meyleh?*]
When is the vine harvest going to start?	Quando inizia la vendemmia? [*'kwandoh in'itseeyah lah ven'demeeyah?*]
Is it possible to swim in the river / in the lake?	Si può fare il bagno nel fiume / nel lago? [*si pwoh 'fahreh eel 'banyoh nel fee'yoomeh / nel 'lahgoh?*]
We would like to go for a bicycle trip. Have you got a map with marked courses?	Vorremmo fare una gita in bicicletta. Ha una pianta con i percorsi segnalati? [*vorr'emmoh 'fahreh 'oonah 'jeetah in bichi'klettah. a 'oonah pee'yantah kon ee per'korsi senya'lahti?*]
Is there some interesting place to visit nearby?	C'è qualche località interessante da visitare nei dintorni? [*cheh 'kwalkey lokali'tah interess'anteh dah vizi'tahreh ney din'torni?*]
I would like to rent a bicycle	Vorrei noleggiare una bicicletta [*vorr'eh noledgee'ahreh 'oonah bichi'klettah*]

I wish to spend a few days here resting away from the city	Voglio riposarmi qui qualche giorno lontano dalla città ['volyoh ripo'zarmi kwee 'kwalkeh 'jornoh lon'tahnoh 'dallah chi'tah]
There is nothing like the countryside if you want to rest	La campagna è l'ideale per rilassarsi [lah kam'panyah eh lidey'ahleh peyr rilass'ahrsi]
I would like to buy some pesticide-free vegetables / fruit	Vorrei acquistare della verdura / frutta non trattata [vorr'eh akwis'tahreh 'dellah ver'doorah / 'froottah non tra'tahtah]
I would like some local cheese	Vorrei del formaggio locale [vorr'eh del for'madgeeyoh lo'kahleh]
Could you recommend some good local wine?	Può consigliarmi un buon vino tipico di qui? [pwoh konsil'yahrmi oon bwon 'veenoh 'tipikoh di kwee?]
Is there a pub around here?	C'è un'osteria da queste parti? [cheh oonoster'eeyah dah 'kwesteh 'parti?]
I wish to buy some wine from the distillery	Vorrei acquistare del vino direttamente dal produttore [vorr'eh akwis'tahreh del 'veenoh diretta'menteh dal prodoo'toreh]

Muoversi in città ['mwovehrsi in chi'tah]

bank	banca ['bankah]
bridge	ponte ['ponteh]
building	edificio [edi'feecheeyoh]
bus	autobus ['owtoboos]
bus-stop	fermata [feyr'mahtah]
car park	parcheggio [park'edgeeyoh]
castle	castello [kas'telloh]
cathedral	cattedrale [kattey'drahleh]
centre	centro ['chentro]
change	cambio ['kambeeyoh]
church	chiesa [kee'yeyzah]
cinema	cinema ['chineymah]
city centre	centro città ['chentro chi'tah]
coach	corriera [korri'yerah]
department store	grande magazzino ['grandey magats'eenoh]
exhibition	mostra ['mostrah]
fire-fighters	pompieri [pompee'yehri]
foundation	fondazione [fondatsee'yoneh]
fountain	fontana [fon'tahnah]
gallery	galleria [galler'eeyah]
gym	palestra [pal'eystrah]
home	casa ['kahzah]
hours	orario [ohr'areeyoh]
indoor swimming pool	piscina coperta [pish'eenah ko'peyrtah]
line	linea ['lineyah]
market	mercato [meyr'kahtoh]

monument	monumento [*monoo'mentoh*]
museum	museo [*moo'zeyoh*]
outdoor swimming pool	piscina all'aperto [*pish'eenah alla'peyrtoh*]
palace	palazzo [*pal'atsoh*]
park	parco [*'parkoh*]
pass	abbonamento [*abonna'mentoh*]
pedestrian area	zona pedonale [*'zonah pedon'ahleh*]
picture gallery	pinacoteca [*peenako'teykah*]
police	polizia [*polits'eeyah*]
policeman, policewoman	poliziotto [*politsee'yottoh*]
public garden	giardini pubblici [*jar'deeni 'pooblichi*]
public transport	mezzi pubblici [*'medzi 'pooblichi*]
public transport map	pianta dei mezzi di trasporto pubblici [*pee'yantah dey 'medzi di tras'portoh 'pooblichi*]
railway station	stazione ferroviaria [*statsee'yoney ferrovee'yahreeyah*]
restaurant, inn	trattoria [*trattor'eeyah*]
school	scuola [*'skwolah*]
secondary school	scuola superiore [*'skwolah sooperee'yohreh*]
shop	negozio [*ne'gotseeyoh*]
sports arena	palazzo dello sport [*pal'atsoh 'delloh 'sport*]
square	piazza [*pee'yatsah*]
stadium	stadio [*'stahdeeyoh*]
ice-rink	stadio del ghiaccio [*'stahdeeyoh del ghee'atcheeyoh*]
steeple	campanile [*kampan'eeleh*]
tennis club	tennis club [*'tennis kloob*]
terminus, terminal	capolinea [*kapo'lineyah*]
theatre	teatro [*tey'ahtroh*]

ticket	biglietto [*bil'yettoh*]
timetable	orario (*dei mezzi di trasporto*)
	[*ohr'areeyoh (dey 'medzi di tras'portoh)*]
tourist guide	guida turistica
	[*'gweedah toor'istikah*]
tourist guide-book	guida turistica
	[*'gweedah toor'istikah*]
tower	torre [*'torreh*]
town gate	porta della città
	[*'portah 'dellah chi'tah*]
town library	biblioteca comunale
	[*bibleeyo'teykah komoo'nahleh*]
town map	pianta della città
	[*pee'yantah 'dellah chi'tah*]
traffic policeman	vigile urbano [*'vidgileh ur'bahnoh*]
underground, tube	metropolitana
	[*meytropoli'tahnah*]
underground map	pianta della metropolitana
	[*pee'yantah 'dellah*
	meytropoli'tahnah]
university	università [*ooniversi'tah*]
university library	biblioteca universitaria
	[*bibleeyo'teykah ooniversi'tahreeyah*]
walls	mura di cinta [*'moorah di 'chinta*]

SHOPS, STORES AND MAIN SERVICES AROUND TOWN
Negozi e servizi principali in città
[*ne'gotsi eh ser'vitsi princhi'pahli in chi'tah*]

baker's shop	panificio [*pani'feecheeyoh*]
bar, pub	bar [*bar*]
beautician	estetista [*estet'eestah*]
book-store	libreria [*leebrer'eeyah*]
chemist	farmacia [*farma'cheeyah*]
confectionery	pasticceria [*pasticher'eeyah*]
dry-cleaner	lavasecco [*lava'sekkoh*]

electronic goods shop	radio-TV [*rah'deeyoh-tee'voo*]
estate agency	agenzia immobiliare [*adgents'eeyah immobil'yahreh*]
fast-food	fast-food [*fast'food*]
florist	fioreria [*feeyorer'eeyah*]
gift articles	articoli da regalo [*ar'teekoli dah rey'gahloh*]
grocer	drogheria [*drogher'eeyah*]
grocer, grocery store	alimentari [*alimen'tahri*]
haberdashery	merceria [*mercher'eeyah*]
hairdresser	parrucchiere [*parrookee'yereh*]
herbalist	erboristeria [*eyrborister'eeyah*]
home-appliances	elettrodomestici [*elettrodo'mestichi*]
household articles	casalinghi [*kahza'linghi*]
ice-cream parlour	gelateria [*jelater'eeyah*]
insurance company	assicurazioni [*assikooratsee'yoni*]
labour exchange	ufficio del lavoro [*oo'feecheeyoh del la'voroh*]
news-stand	giornalaio [*jornal'aiyoh*]
optical goods shop	ottico [*'ottikoh*]
perfumery	profumeria [*profoomer'eeyah*]
photocopy	fotocopie [*foto'kopyeh*]
police station	comando dei vigili [*kom'andoh dey 'vidgili*]
post office and telephone	posta e telefoni [*'postah eh te'lefoni*]
restaurant	ristorante [*ristor'anteh*]
stationery	cartoleria [*kartoler'eeyah*]

144

supermarket	supermercato [_soopermer'kahtoh_]
theatre information office	ufficio informazioni spettacoli [_oo'feecheeyoh informatsee'yoni spe'takoli_]
tobacconist	tabacchino [_taba'keenoh_]
tourist office	ufficio del turismo [_oo'feecheeyoh del toor'izmoh_]
toy shop	giocattoli [_jo'kahtoli_]

Can I have the programme for this month's cultural events?	Posso avere il programma delle manifestazioni culturali di questo mese? [_'possoh a'veyreh eel pro'grammah 'delleh manifestatsee'yoni cultoor'ahli di 'kwestoh 'meyzeh?_]
Can I have a town map, please?	Posso avere una pianta della città, per favore? [_'possoh a'veyreh 'oonah pee'yantah 'dellah chi'tah, peyr fav'oreh?_]
I would like a map of the town's public transport	Vorrei una pianta dei mezzi di trasporto in città [_vorr'eh 'oonah pee'yantah dey 'medzi di tras'portoh in chi'tah_]
Can you show me on this map where is ... Street?	Può indicarmi sulla pianta dove si trova via ...? [_pwoh indi'kahrmi 'soolah pee'yantah 'doveh si 'trohvah 'veeyah ...?_]
Excuse me, where is the ... shop?	Scusi, dove si trova il negozio ...? [_'skoozi 'doveh si 'trohvah eel ne'gotseeyoh ...?_]
Excuse me, can you tell my where is the nearest chemist's?	Scusi, dov'è la farmacia più vicina? [_'skoozi dov'eh lah farma'cheeyah pew vi'cheenah?_]

145

Can you tell me where is the English embassy?	Sa dirmi dove si trova l'ambasciata inglese? *[sah 'deermi 'doveh si 'trohvah lamba'shahtah ing'leyzeh?]*
Is it far?	È lontano? *[eh lon'tahnoh?]*
How long does it take on foot?	Quanto tempo ci vuole a piedi? *['kwantoh 'tempoh chee 'vwoleh a pee'yeydi?]*
I want a ticket to ...	Vorrei un biglietto per ... *[vorr'eh oon bil'yettoh peyr ...]*
I want a tourist fare / day-ticket	Vorrei un biglietto turistico / giornaliero *[vorr'eh oon bil'yettoh toor'istikoh / jornalee'yeroh]*
I'm staying for a week; would it be more convenient to buy a weekly pass?	Mi fermo in città una settimana; mi conviene fare un abbonamento? *[mi 'feyrmoh in chi'tah 'oonah setti'mahnah; mi konvee'yeyneh 'fahreh oon abbona'mentoh?]*
I'm a student. Is there a reduction?	Sono uno studente. Posso avere la riduzione? *['sohnoh 'oonoh stoo'denteh. 'possoh a'veyreh lah ridootsee'yoneh?]*
How much is a ticket to ...?	Quanto costa un biglietto per ...? *['kwantoh 'kostah oon bil'yetoh peyr ...?]*
Where can I buy bus tickets?	Dove si comprano i biglietti dell'autobus? *['doveh si 'kompranoh ee bil'yetti dell 'owtoboos?]*
What time does the ticket office close?	A che ora chiude la biglietteria? *[a key 'ohrah kee'yoodeh lah bilyette'reeyah?]*

Which line should we take to go to the station?	Quale linea dobbiamo prendere per andare alla stazione? ['kwaleh 'lineyah dobbee'yahmoh 'prendereh peyr an'dahreg 'allah statsee'yoneh?]
Where do we get off / change?	Dove dobbiamo scendere / cambiare? ['doveh dobbee'yahmoh 'shendereh / kambee'yahreh?]
How many stops to ...?	Quante fermate sono per ...? ['kwanteh feyr'mahteh 'sohnoh peyr ...?]
Can you please tell me when I have to get off?	Mi può avvisare per cortesia quando devo scendere? [mi pwoh avvi'zahreh peyr kortey'zeeyah 'kwandoh 'deyvoh 'shendereh?]
What time does the last bus / train to ... leave?	A che ora è l'ultima corsa per ...? [a key 'ohrah eh 'looltimah 'korsah peyr ...?]
Where is the taxi stand?	Dove sono i taxi per favore? ['doveh 'sohnoh ee 'taxi peyr fa'voreh?]
How much will it cost to ...?	Quanto mi costa fino a ...? ['kwantoh mi 'kostah 'feenoh a ...?]
Stop here, please!	Si fermi qui, per favore! [si 'feyrmi kwee peyr fa'voreh!]
Wait for me, please. It will take ten minutes	Mi aspetti dieci minuti, per favore [mi as'petti di'eychi mi'nooti, peyr fa'voreh]
How much?	Quanto le devo? ['kwantoh leh 'deyvoh?]

Musei, opere d'arte, mostre e architettura
[*moo'zeyi, 'opereh 'dahrteh, 'mostreh eh arkitett'oorah*]

altar	altare [*al'tahreh*]
high altar	altar maggiore [*'altahr madgee'yoreh*]
antiquity, antiques	antichità [*antiki'tah*]
arch	arco [*'arkoh*]
archeological	reperto archeologico
finding	[*re'peyrtoh arkeyo'lodgikoh*]
archeology	archeologia [*arkeyolo'jeeyah*]
architect	architetto [*arki'tettoh*]
architecture	architettura [*arkitett'oorah*]
armour	armatura [*arma'toorah*]
art	arte [*'arteh*]
art-work	opera [*'operah*]
artist	artista [*art'eestah*]
author	autore [*ow'tohreh*]
baptistery	battistero [*battis'teyroh*]
baroque	barocco [*bar'okkoh*]
bas-relief	bassorilievo [*bassohrilee'yeyvoh*]
basilica	basilica [*baz'ilikah*]
book	libro [*'leebroh*]
building	edificio [*edi'feecheeyoh*]
canvas	tela [*'teylah*]
capital	capitello [*kapi'telloh*]
caricature	caricatura [*karika'toorah*]
castle	castello [*kas'telloh*]
catalogue	catalogo [*ka'talogoh*]
cathedral	cattedrale [*katteh'drahleh*]
chapel	cappella [*ka'pellah*]
choir	coro [*'kohroh*]
church	chiesa [*kee'yeyzah*]
classic(al)	classico [*'klassikoh*]
cloister	chiostro [*kee'yostroh*]
coin	moneta [*mon'eytah*]
collection	collezione [*kolletsee'yoneh*]

148

colonnade	colonnato [*kolonn'ahtoh*]
colour	colore [*kol'ohreh*]
column	colonna [*ko'lonnah*]
contemporary	contemporaneo [*kontempor'ahneyoh*]
convent	convento [*kon'ventoh*]
cross	croce [*'krocheh*]
cultural centre	centro culturale [*'chentro kooltur'ahleh*]
decoration	decorazione [*dekoratsee'yoneh*]
dome	cupola [*'koopolah*]
emergency exit	uscita di sicurezza [*oo'sheetah di sikoor'etsah*]
English-speaking guide	guida inglese [*'gweedah ing'leyzeh*]
entrance, entry	entrata [*en'trahtah*]
epoch	epoca [*'ehpokah*]
exhibition	mostra [*'mostrah*]
exit	uscita [*oo'sheetah*]
fortress	fortezza [*for'tetsah*]
front	facciata [*fatch'ahtah*]
gothic	gotico [*'gotikoh*]
guide-book in English	guida inglese [*'gweedah ing'leyzeh*]
hall	sala [*'sahlah*]
inner courtyard	corte interna [*'korteh in'teyrnoh*]
jewel	gioiello [*joy'elloh*]
landscape	paesaggio [*pay'sadgeeyoh*]
manuscript	manoscritto [*mano'skrittoh*]
masterpiece	capolavoro [*kapola'vohroh*]
medieval	medievale [*medieh'vahleh*]
Middle Ages	medioevo [*medio'ehvoh*]
modern	moderno [*mod'eyrnoh*]
monastery	monastero [*monas'teyroh*]

monument	monumento [*monoo'mentoh*]
mosque	moschea [*mosk'eyah*]
nave	navata [*na'vahtah*]
neo-classic	neoclassico [*neo'klassikoh*]
old	antico [*an'teekoh*]
opening hours	orario di apertura
	[*oh'rahreeyoh di aper'toorah*]
organ	organo [*'organoh*]
painter	pittore [*pitt'ohreh*]
painting	pittura, quadro
	[*pitt'oorah, 'kwadroh*]
pavilion	padiglione [*padilyee'oneh*]
picture gallery	pinacoteca [*pinako'teykah*]
picture post-card	cartolina [*kartol'eenah*]
planetarium	planetario [*planet'ahreeyoh*]
portal	portale [*por'tahleh*]
portrait	ritratto [*ri'trattoh*]
poster	poster [*'postehr*]
print	stampa [*'stampah*]
pulpit	pulpito [*'poolpitoh*]
Renaissance	Rinascimento, rinascimentale (*adj.*)
	[*rinashi'mentoh, rinashimen'tahleh*]
restoration	restauro [*rest'owroh*]
rococo	rococò [*roko'koh*]
Romanesque	romanico [*ro'manikoh*]
sculptor	scultore [*skul'tohreh*]
sculpture	scultura [*skul'tohrah*]
spire	guglia [*gool'yah*]
stable	scuderia [*skooder'eeyah*]
stained-glass window	vetrata [*vet'rahtah*]
stairs	scala [*'skahlah*]
stamp	francobollo [*franko'bolloh*]
steeple	campanile [*kampan'eeleh*]
still-life	natura morta [*nat'oorah 'mortah*]
style	stile [*'steeleh*]

tapestry	arazzo [ar'atsoh]
temple	tempio ['tempeeyoh]
ticket	biglietto [bil'yettoh]
entrance ticket	biglietto d'ingresso
	[bil'yettoh din'gressoh]
full ticket	biglietto intero [bil'yettoh in'teyroh]
group ticket	biglietto ridotto per comitive
	[bil'yettoh ri'dottoh peyr komi'teeveh]
inclusive ticket	biglietto cumulativo
	[bil'yettoh koomoola'teevoh]
reduced ticket	biglietto ridotto [bil'yettoh ri'dottoh]
tomb	tomba ['tombah]
transept	transetto [tran'settoh]
treasury	tesoro [te'zoroh]
visit	visita ['veezitah]
guided tour	visita guidata
	['veezitah gwee'dahtah]
visitor	visitatore [veezitah'tohreh]
wardrobe	guardaroba [gwarda'rohbah]
weapon	arma ['armah]
well	pozzo ['potsoh]

MATERIALS
Materiali [materee'ahli]

bronze	bronzo ['bronzoh]
ceramics	ceramica [cheh'ramikah]
cherub	cherubino [keyroo'beenoh]
china	porcellana [porchel'ahnah']
cotton	cotone [ko'tohneh]
crystal	cristallo [kri'stalloh]
diamond	diamante [deeya'manteh]
emerald	smeraldo [smer'aldoh]
fur	pelliccia [pell'eechah]

glass	vetro ['veytroh]
gold	oro ['ohroh]
iron	ferro ['ferroh]
lacquer	lacca ['lakkah]
leather	cuoio ['kwoyoh]
linen	lino ['leenoh]
marble	marmo ['marmoh]
pearl	perla ['peyrlah]
platinum	platino ['platinoh]
precious stones	pietre preziose [pee'yetreh pretsee'yozeh]
sapphire	zaffiro [zaf'eeroh]
silk	seta ['seytah]
silver	argento [ar'jentoh]
stone	pietra [pee'yetrah]
straw	paglia ['palyah]
terracotta	terracotta [terra'kottah]
wood	legno ['lenyoh]
wool	lana ['lahnah]

TECHNIQUES
Tecniche ['teknikeh]

acrylic	acrilico [a'krilikoh]
charcoal (drawing)	carboncino [karbon'cheenoh]
collage	collage ['kollaj]
engraving	incisione [inchizee'yoneh]
filigree	filigrana [filli'grahnah]
frame	telaio [te'laiyoh]

152

fresco	affresco [*a'freskoh*]
inlay	intarsio [*in'tahrseeyoh*]
lithograph	litografia [*leetogra'feeyah*]
mosaic	mosaico [*mo'zaiykoh*]
oil (*painting*)	olio [*'ohleeyoh*]
pastel	pastello [*pas'telloh*]
silk-screen	serigrafia [*serigraf'eeyah*]
tempera	tempera [*'temperah*]
water-colour	acquerello [*akwer'elloh*]
wood-cut/xylography	xilografia [*tseelograf'eeyah*]

What time does the museum open?	A che ora apre il museo? [*a key 'ohrah 'apreh eel moo'zeyoh?*]
What's the museum's opening hours?	Qual è l'orario di apertura? [*kwal'eh loh'rahreeyoh di aper'toorah?*]
Which day of the week is the museum close?	In che giorno è chiuso? [*in key 'jornoh eh kee'yoozoh?*]
Is it open in the evening?	È aperto anche alla sera? [*eh ap'ertoh 'ankeh lah 'seyrah?*]
How long will the show be on for?	Fino a quando dura la mostra? [*'feenoh a 'kwandoh 'doorah lah 'mostrah?*]
Are these free tickets still valid?	Sono ancora validi questi biglietti omaggio? [*'sonoh ahnk'ohrah 'vahlidi 'kwesti bil'yetti o'madgeeyoh?*]

Two full tickets and two reduced	Due biglietti interi e due ridotti ['dooeh bil'yetti in'teyri eh dooeh ri'dotti]
We are ten people, is it possible to have an English-speaking guide? How much does it cost?	Siamo un gruppo di dieci persone; è possibile avere una guida inglese? Quanto costa? ['seeyamoh oon 'groopoh di di'eychi per'sohneh; eh poss'eebileh a'veyreh 'oonah 'gweedah ing'leyzeh? 'kwantoh 'kostah?]
What time does the guided tour start?	A che ora inizia la visita guidata? [a key 'ohrah in'itseeyah lah 'veezitah gwee'dahtah?]
How long does the guided tour last?	Quanto dura la visita guidata? ['kwantoh 'doorah lah 'veezitah gwee'dahtah?]
I wish to buy the museum guide-book in English	Vorrei una guida del museo in inglese [vorr'eh 'oonah'gweedah del moo'zeyoh in ing'leyzeh]
May I see the catalogue?	Posso vedere il catalogo? ['possoh ved'eyreh eel ka'talogo?]
Have you got a copy of the catalogue in English?	C'è l'edizione in inglese del catalogo? [cheh leditsee'yoneh in ing'leyzeh del ka'talogo?]
Which floor is the cafeteria?	A che piano è la cafeteria? [a kay pee'yanoh eh lah kafeter'eeyah?]
Where is the lavatory?	Dove sono le toilette? ['doveh 'sohnoh leh twa'lett?]
Where is the exit?	Dov'è l'uscita? [do'veh loo'sheetah?]

Teatro, cinema, concerti e stadio
[te'yatroh, 'chinemah, kon'cherti eh 'stahdeeyoh]

act	atto ['attoh]
actor/actress	attore/attrice [att'ohreh/att'reecheh]
advance sale	prevendita [pre'venditah]
applause	applauso [appl'owzoh]
audience	pubblico, spettatore ['pooblikoh, spetta'tohreh]
author	autore [ow'tohreh]
(ballet) dancer	ballerino/ballerina [baller'eenoh/baller'eenah]
bass	basso ['vassoh]
box	palco ['palkoh]
cartoon	cartone animato [kar'tohneh ani'mahtoh]
choir	coro ['kohroh]
cinema	cinema ['chineymah]
cinema hall	sala cinematografica ['sahlah chinemato'grafikah]
clarinet	clarinetto [klarin'ettoh]
cloakroom	guardaroba [gwarda'robah]
concert	concerto [kon'chertoh]
conductor	direttore d'orchestra [diret'toreh dor'kestrah]
costume	costume [kos'toomeh]
courtain	sipario [si'pahreeyoh]
cultural events	manifestazioni culturali [manifestatsee'yoni kooltur'ahli]
director	regista [re'jeestah]
double-bass	contrabbasso [kontra'bassoh]
drama	dramma ['drammah]
dressing-room	camerino [kamer'eenoh]
drums	batteria [batter'eeyah]

155

entry	entrata [en'trahtah]
exit	uscita [oo'sheetah]
emergency exit	uscita di sicurezza
	[oo'sheetah di sikoor'etsah]
film, movie	film ['feelm]
flute	flauto ['flowtoh]
gallery	galleria [galler'eeyah]
grand-stand	tribuna centrale
	[tri'boonah chen'trahleh]
guitar	chitarra [ki'tahrah]
intermission	intervallo [inter'valloh]
leading actor/actress	protagonista
	[protagon'eestah]
length	durata [door'ahtah]
libretto	libretto [li'brettoh]
lights	luci ['loochi]
mouth-organ	armonica [ar'monikah]
music	musica ['moozikah]
chamber music	musica da camera
	['moozikah dah 'kamerah]
music-hall	varietà [vareeyey'tah]
musical instrument	strumento musicale
	[stroo'mentoh moozi'kahleh]
name	titolo ['teetoloh]
opera	lirica, opera ['leerikah, 'operah]
operetta	operetta [oper'ettah]
orchestra	orchestra [or'kestrah]
original print	edizione originale
	[editsee'yoneh orijin'ahleh]
pianoforte	pianoforte [peeyano'forteh]
play	commedia [kom'eydeeyah]
plot	trama ['trahmah]
programme	programma [pro'grammah]

repeat performance	replica [*'replikah*]
reservation	prenotazione [*prenotatsee'yoneh*]
row	fila [*'feelah*]
saxophone	sassofono [*sass'ofonoh*]
screen	schermo [*'skermoh*]
seat	posto [*'postoh*]
numbered seat	posto numerato [*'postoh noomer'ahtoh*]
show	spettacolo [*spett'akoloh*]
singer	cantante [*kan'tanteh*]
stadium	stadio [*'stahdeeyoh*]
stage	palcoscenico [*palko'shenikoh*]
stall	poltrona [*pol'tronah*]
stalls	platea [*pla'teyah*]
back stalls	ultimi posti [*'ooltimi 'posti*]
front stalls	primi posti [*'preemi 'posti*]
stand	curva (dello stadio) [*'koorvah ('delloh 'stahdeeyoh)*]
standing room	posto in piedi [*'postoh in pee'yeydi*]
symphony	sinfonia [*sinfo'neeyah*]
tempo	tempo [*'tempoh*]
theatre	teatro [*te'yahtroh*]
theatrical company	compagnia teatrale [*kompan'yeeah teya'trahleh*]
ticket	biglietto [*bil'yettoh*]
full-rate ticket	biglietto intero [*bil'yettoh in'teyroh*]
reduced ticket	biglietto ridotto [*bil'yettoh ri'dottoh*]
ticket office	biglietteria [*bilyeter'eeyah*]
trumpet	tromba [*'trombah*]
violin	violino [*veeo'leenoh*]
voice	voce [*'vocheh*]
I would like the season programme, please	Vorrei il programma degli spettacoli, per favore [*vorr'eh eel pro'grammah 'deyli spett'akoli, peyr fa'voreh*]

Have you got the programme of the theatre shows?	Avete il calendario delle rappresentazioni teatrali? [*a'veyteh eel kalen'dahreeyoh 'delleh rappresentatsee'yoni teya'trahli?*]
What's on tonight at the theatre / cinema?	Cosa danno stasera a teatro / al cinema? [*'kozah 'dannoh sta'seyrah a te'yahtroh / al 'chineymah?*]
What time does the next show start?	A che ora è il prossimo spettacolo? [*a keh 'ohrah eh eel 'prossimoh spett'akoloh?*]
How long is the show?	Quanto dura lo spettacolo? [*'kwantoh 'doorah loh spett'akoloh?*]
How many acts does the play have?	Quanti tempi ci sono? [*'kwanti 'tempi chee 'sohnoh?*]
How much does the ticket cost?	Quanto costa il biglietto? [*'kwantoh 'kostah eel bil'yettoh?*]
Is there any seat left for tonight?	Ci sono ancora posti liberi per stasera? [*chee 'sohnoh an'kohrah 'posti 'leeberi peyr sta'seyrah?*]
Can I reserve a seat over the phone?	Si può prenotare per telefono? [*si pwoh preno'tahreh peyr te'lefonoh?*]
How far in advance should I book the ticket?	Con che anticipo mi consiglia di prenotare? [*kon keh an'teechipoh mi kon'seelyah di preno'tahreh?*]
Can you book me a seat for the opening night?	Può prenotarmi un posto per la serata della prima? [*pwoh preno'tahrmi oon 'postoh peyr lah se'rahtah 'dellah 'preemah?*]

Is formal dressing required?	È d'obbligo l'abito scuro? [eh 'dobbligoh 'lahbitoh 'skooroh?]
I would like to book two seats for tomorrow's show	Vorrei prenotare due posti per lo spettacolo di domani sera [vorr'eh preno'tahreh 'dooeh 'posti peyr loh spett'akoloh di do'mahni seyrah]
I would like two gallery / stall seats	Vorrei due posti in galleria / in platea [vorr'eh 'dooeh 'posti in galler'eeyah / in pla'teyah]
I would like a box on the left	Vorrei un palco sulla sinistra [vorr'eh oon 'palkoh 'soolah sin'eestrah]
These seats are too far back / too near / too much lateral. Have you got any better ones?	Questi posti sono troppo indietro / avanti / laterali, non ne ha di migliori? ['kwesti 'posti 'sohnoh 'troppoh indee'yetroh / av'anti / later'ahli, non neh a di mil'yori?]
I'm not familiar with this theatre. Can you recommend me a good seat, please?	Non conosco il teatro, mi consigli lei per favore [non kon'oskoh eel te'yahtroh, mi kon'seelyi leh peyr fa'voreh?]
Is there standing room?	Ci sono posti in piedi? [chee 'sohnoh 'posti in pee'yeydi?]
We're sold out	È tutto esaurito [eh 'tooto ezow'reetoh]
Where can I buy concert tickets in advance?	Dov'è la prevendita del concerto? [dov'eh lah pre'venditah del kon'chertoh?]
Is there a queue (line) at the ticket office?	È qui la coda per la biglietteria? [eh kwee lah 'kohdah peyr lah bilyeter'eeyah?]

Sport [sport]

aerobics	aerobica [aiy'robikah]
athletics	atletica [at'lehtikah]
track and field	atletica leggera [at'lehtikah ledg'eyrah]
ball	pallone [pall'ohneh]
basket-ball	pallacanestro [pallakan'estroh]
bicycle	bicicletta [bichi'klettah]
boxing	pugilato [poojil'ahtoh]
canoe	canoa [kan'ohah]
championship	campionato [kampeeyon'ahtoh]
world championship	campionato del mondo [kampeeyon'ahtoh del 'mondoh]
cup	coppa ['koppah]
cycling	ciclismo [chee'kleezmoh]
fencing	scherma ['skermah]
fishing	pesca ['peskah]
football	calcio ['kalcheeyoh]
football field	campo di calcio ['kampoh dah 'kalcheeyoh]
golf	golf ['golf]
gym	palestra [pa'lestrah]
gymnastics	ginnastica [jin'astikah]
horse-racing	ippica ['ippikah]
horse-riding	equitazione ['ekwitatsee'yoneh]
hunting	caccia ['katchah]
individual sports	sport individuale [sport individoo'ahleh]
instructor	istruttore [istroo'tohreh]
martial arts	arti marziali ['artih martzee'yahlih]
match	partita [par'teetah]

motorcycling	motociclismo [*motochee'kleezmoh*]
motoring	automobilismo [*owtomobil'eezmoh*]
olympics	olimpiadi [*olim'peeyadi*]
winter olympics	olimpiadi invernali [*olim'peeyadi inveyr'nahli*]
race	gara [*'gahrah*]
racing-cars	auto da corsa [*'owtoh dah 'korsah*]
racket	racchetta [*rakk'ettah*]
rowing	canottaggio [*kannot'adgeeyoh*]
sail	vela [*'veylah*]
skates	pattini [*'pattini*]
skating	pattinaggio [*pattin'adgeeyoh*]
skis, skiing	sci [*shee*]
cross-country skis	sci da fondo [*shee dah 'fondoh*]
downhill race	discesa libera [*di'cheyzah 'leeberah*]
downhill skis	sci da discesa [*shee dah di'sheyzah*]
giant slalom	slalom gigante [*'slahlom ji'ganteh*]
swimming	nuoto [*'nwohtoh*]
swimming-pool	piscina [*pish'eenah*]
team	squadra [*'skwadrah*]
team sports	sport di squadra [*sport di 'skwadrah*]
tennis	tennis [*'tennis*]
tennis-ball	palla da tennis [*'pallah dah 'tennis*]
tennis court	campo da tennis [*'kampoh dah 'tennis*]
volley-ball	pallavolo [*palla'voloh*]
water-polo	pallanuoto [*palla'nwotoh*]
I play basket-ball	Io pratico la pallacanestro [*'eeyoh 'pratikoh lah pallakan'estroh*]
Which sports do you play?	Che sport pratichi? [*key sport 'pratiki?*]

My favourite player is ...	Il mio giocatore preferito è ... [*eel 'meeyoh joka'tohreh prefer'eetoh eh ...*]
Which is your favourite team?	Qual è la tua squadra preferita? [*kwal eh lah 'tooah 'skwadrah prefer'eetah?*]
Water-polo is a rough sport	La pallanuoto è uno sport molto duro [*lah palla'nwotoh eh 'oonoh sport 'moltoh 'dooroh*]
Gymnastics is a complete sport	La ginnastica è uno sport completo [*lah jin'astikah eh 'oonoh sport kom'pleytoh*]
Engaging in sports makes one stay young	Praticare uno sport mantiene giovani [*prati'kahreh 'oonoh sport mantee'yehneh 'johvani*]

Fitness ['fitness]

to clear one's system	disintossicare l'organismo [disintossi'kahreh lorga'neezmoh]
diet	dieta [di'yeytah]
low-calories diet	dieta ipocalorica [di'yeytah eepoka'lorikah]
face-pack	maschera di bellezza ['maskerah di be'letsah]
fats	grassi ['grassi]
fibers	fibre ['feebreh]
food	alimenti [ali'menti]
low-calories food	alimento ipocalorico [ali'mentoh eepoka'lorikoh]
low-fat food	alimenti con pochi grassi [ali'menti kon 'pohki 'grassi]
gym	palestra [pa'lestrah]
gymnastics	ginnastica [jin'astikah]
herbal tea	tisana [tee'zahnah]
inhalation	inalazioni [inalatsee'yoni]
life in the outdoors	vita all'aria aperta ['veetah al'ahreeyah a'peyrtah]
to lose weight	dimagrire [deema'greereh]
massage	massaggio [ma'sadgio]
medicinal herbs	erbe medicinali ['eyrbeh medichin'ahli]
minerals	minerali [miner'ahli]
mud baths	fanghi ['fanghi]
natural medicine	medicina naturale [medi'chinah natoor'ahleh]
omeopathy	omeopatia [ohmeyopah'teeyah]

proteins	proteine [*protey'eeneh*]
relax	relax ['*reylax*]
sand-bath	sabbiature [*sabbeeya'tooreh*]
sauna	sauna ['*sownah*]
spa, health resort	terme ['*teyrmeh*]
thermal baths	bagni termali ['*banyi teyr'mahli*]
training	allenamento [*allena'mentoh*]
turkish bath	bagno turco ['*banyoh 'toorkoh*]
vitamin	vitamine [*veeta'meeneh*]
water therapy	idromassaggio [*eedroma'sadgeeyoh*]

Losing weight is easy, the difficult part is in staying slim

Dimagrire è facile, rimanere in peso forma è più difficile
[*deema'greereh eh 'facheeleh, riman'ehreh in 'peyzoh 'formah eh pew diff'eechileh*]

Where I come from there are many aerobics gyms

Da noi ci sono molte palestre di aerobica
[*dah noy chee 'sohnoh 'molteh pa'lestreh di ahey'robikah*]

I like exercising, but only outdoors

Amo fare movimento, ma solo all'aperto
['*ahmoh 'fahreh movi'mentoh, mah 'sohloh ala'peyrtoh*]

Thermal treatments are very relaxing

Le cure termali sono molto rilassanti
[*leh 'kooreh teyr'mahli 'sohnoh 'moltoh rilass'anti*]

I've been dieting for two months and I've already lost almost six pounds

Sono a dieta da due mesi e ho già perso tre chili
['*sohnoh a di'yeytah dah 'dooeh 'meyzi eh oh jah 'persoh treh 'keeli*]

RESTAURANT

Ristorante [ristor'anteh]

bill	conto ['kontoh]
bottle	bottiglia [bott'eelyah]
bread	pane ['pahneh]
breakfast	colazione [kolatsee'yoneh]
chair	sedia ['seydeeah]
cook	cuoco ['koowokoh]
cork-screw	cavatappi [kava'tappi]
cup	tazza ['tatsah]
cutlery	posate [po'zahteh]
dinner	cena ['cheynah]
dish	piatto [pee'yattoh]
fork	forchetta [for'kettah]
glass	bicchiere [bikki'yereh]
goblet	calice ['kaliceh]
knife	coltello [kol'telloh]
lunch	pranzo ['prantsoh]
meal	pasto ['pastoh]
menu	menù [men'oo]
napkin	tovagliolo [tovalyee'oloh]
oil	olio ['ohleeyoh]
pepper	pepe ['pehpeh]
roll	panino [pan'eenoh]
salt	sale ['sahleh]
salt-shaker	saliera [salee'yerah]
service	servizio [ser'vitseeoh]

165

small cup	tazzina [*tats'eenah*]
spoon	cucchiaio [*kookee'yayoh*]
sugar bowl	zuccheriera [*tsukkeri'yerah*]
table	tavola [*'tahvolah*]
table-cloth	tovaglia [*to'valyah*]
teaspoon	cucchiaino [*kookee'yayeenoh*]
tip	mancia [*'manchah*]
today's dish	piatto del giorno [*pee'yattoh del 'jornoh*]
tooth-pickers	stuzzicadenti [*stootsika'dentih*]
tray	vassoio [*vass'oyoh*]
tureen	zuppiera [*tsuppi'yerah*]
vinegar	aceto [*a'cheytoh*]
waiter	cameriere [*kameree'yereh*]
waitress	cameriera [*kameree'yerah*]
wine list	carta dei vini [*'kahrta dey 'veeni*]

HORS D'ŒUVRES
Antipasti [*anti'pasti*]

cold cuts	affettato misto [*affett'ahtoh 'meestoh*]
ham	prosciutto [*prosh'ootoh*]
paté	paté di fegato [*pat'eh di 'feygatoh*]

FIRST COURSE
Primi piatti [*'preemi pee'yatti*]

consommé	consommé [*konso'meh*]
fish soup	zuppa di pesce [*'tsuppah di 'pesheh*]
meat broth	brodo di carne [*'brodoh di 'kahrneh*]
pasta with sauce	pastasciutta [*pastash'ootah*]

spaghetti	spaghetti [*spag'etti*]
thin noodles	tagliatelle [*talya'telli*]
vegetable soup	minestra di verdura [*min'estrah di ver'doorah*]

MEAT
Carne [*'kahrneh*]

beef steak	bistecca di manzo [*bis'tekkah di 'mantsoh*]
beef	manzo [*'mantsoh*]
boiled beef	bollito di manzo [*boll'eetoh di 'mantsoh*]
brain	cervella [*cher'vellah*]
braised beef	brasato di manzo [*bra'zahtoh di 'mantsoh*]
breaded veal cutlet	cotoletta impanata [*koto'lettah impan'ahtah*]
buck-meat	cervo [*'chervoh*]
chicken	pollo [*'polloh*]
chicken breast	petto di pollo [*'pettoh di 'polloh*]
cutlet	scaloppa [*ska'loppah*]
deer-meat	capriolo [*kapree'yoloh*]
duck	anatra [*'anatrah*]
goose	oca [*'ohkah*]
grilled chop	costata ai ferri [*cos'tahtah aiy 'ferri*]
hare	lepre [*'leypreh*]
kidney	rognone [*ron'yoneh*]
lamb	agnello [*an'yelloh*]
lamb chop	costoletta di agnello [*kosto'lettah di an'yelloh*]
liver	fegato [*'feygatoh*]

167

pork chop	braciola [*bratchee'olah*]
roast chicken	pollo arrosto ['*polloh arr'ostoh*]
roast lamb	agnello arrosto [*an'yelloh arr'ostoh*]
roast pork	arrosto di maiale [*arr'ostoh di maiy'yahleh*]
sausage	salsiccia [*sal'seechah*]
skewered meat	spiedino [*speeye'deenoh*]
steak	bistecca [*bis'tekkah*]
veal	vitello [*vi'telloh*]
veal steak	bistecca di vitello [*bis'tekkah di vi'telloh*]
wild-boar	cinghiale [*chingee'yahleh*]

FISH
Pesce [*'pesheh*]

carp	carpa ['*karpah*]
cod	merluzzo [*mer'lootsoh*]
eel	anguilla [*angwillah*]
herring	aringa [*ar'ingah*]
lobster	aragosta [*ara'gostah*]
pike	luccio ['*loocheeyoh*]
salmon	salmone [*sal'moneh*]
shrimps	gamberetti [*gamber'etti*]
sole	sogliola ['*solyolah*]
trout	trota ['*trohtah*]
turbot	rombo ['*romboh*]
whiting	nasello [*na'zelloh*]

168

METHODS OF COOKING FOR MEAT AND FISH
Tipi di cottura della carne e del pesce
['teepi di ko'toorah 'dellah 'kahrneh eh del 'pesheh]

baked	al forno [al 'fornoh]
boiled	bollito [boll'eetoh]
breaded and fried	impanato e fritto [impan'ahtoh eh 'frittoh]
fried	fritto ['frittoh]
grilled	alla griglia ['allah 'greelyah]
rare	al sangue [al 'sangweh]
roasted	arrosto [arr'ostoh]
skewered	allo spiedo ['alloh spee'yedoh]
well done	ben cotto [ben 'kottoh]

EGGS
Uova ['wovah]

egg	uovo ['wovoh]
fried egg	in tegame [in te'gahmeh]
hard-boiled egg	sodo ['sodoh]
scrambled egg	strapazzato [strapats'ahtoh]
soft-boiled egg	alla coque ['allah kok]
omelette	frittata [fri'tatah]
ham omelette	omelette al prosciutto [omey'let al prosh'ootoh]

SIDE-DISHES, VEGETABLES AND SAUCES
Contorni e condimenti [kon'tohrni eh kondi'menti]

asparagus	asparagi [as'paraji]
beans	fagioli [fajee'yoli]

cheese	formaggio [for'madgeeyoh]
chips	patate fritte [pat'ahteh 'fritteh]
green beans	fagiolini [fajeeyo'leeni]
green salad	insalata verde [insal'ahtah 'veyrdeh]
mixed salad	insalata mista [insal'ahtah 'meestah]
mushrooms	funghi ['foonghi]
mustard	senape ['senapeh]
peas	piselli [pee'zelli]
potatoes	patate [pat'ahteh]
sauce	salsa ['salsah]

DESSERTS
Dessert [dey'zer]

apple pie	strudel di mele ['stroodel di 'meyleh]
cake	torta ['tortah]
fruit salad	macedonia di frutta [matchey'doneeyah di 'froottah]
fruit tart, pie	crostata di frutta [kros'tahtah di 'froottah]
ice-cream	gelato [je'lahtoh]
pudding	budino [boo'deenoh]
whipped cream	panna montata ['pannah mon'tahtah]

DRINKS AND BEVERAGES
Bevande [be'vandeh]

ale	birra chiara ['birrah kee'yarah]
beer	birra ['birrah]

coffee	caffè [*kaff'eh*]
liquor	liquore [*li'kworeh*]
milk	latte [*'latteh*]
porter, stout	birra scura [*'birrah 'skoorah*]
water	acqua [*'akwah*]
mineral water	acqua minerale [*'akwah miner'ahleh*]
tap water	acqua naturale [*'akwah natoor'ahleh*]
whiskey	whiskey
wine	vino [*'veenoh*]
red wine	vino rosso [*'veenoh 'rossoh*]
rosé wine	vino rosato [*'veenoh ro'zahtoh*]
sparkling wine	spumante [*spoo'manteh*]
white wine	vino bianco [*'veenoh bee'yankoh*]

May we have a menu, please?	Ci porta il menù, per favore? [*chee 'portah eel men'oo, peyr fa'voreh?*]
Are vegetables served with this course?	Il contorno è già compreso nel piatto? [*eel kon'tornoh eh jah kom'preyzoh nel pee'yattoh?*]
What time does the kitchen close?	A che ora chiude la cucina? [*a keh 'ohrah kee'yoodeh lah koo'cheenah?*]
Do you serve vegetarian dishes?	Ci sono piatti vegetariani? [*chee 'sohnoh pee'yatti vedjetaree'yahni?*]
Could you bring me some bread, please?	Vorrei del pane, per favore [*vorr'ey del 'pahneh, peyr fa'voreh*]

171

I would like some salt and pepper, please	Vorrei sale e pepe, per favore [*vorr'ey 'sahleh eh 'pehpeh, peyr fa'voreh*]
I would like a steak, well done / rare	Vorrei una bistecca ben cotta / al sangue [*vorr'ey 'oonah bis'tekkah ben 'kottah / al 'sangweh*]
Can you recommend a local wine?	Può consigliarci un vino locale? [*pwoh konsil'yarchi oon 'veenoh lo'kahleh?*]
A small helping for the child	Una porzione piccola per il bambino [*'oonah portsee'yoneh 'pikkolah peyr eel bam'beenoh*]
The bill, please	Il conto, per favore [*eel 'kontoh, peyr fa'voreh*]
I need the receipt	Ho bisogno di una ricevuta [*oh biz'onyoh di 'oonah richey'vootah*]
Where is the bathroom?	Dov'è la toilette? [*dov'eh lah twa'let?*]
Could you call me a taxi, please?	Può chiamare un taxi, per favore? [*pwoh keeya'mahreh oon 'taxi, peyr fa'voreh?*]

SOME LOCAL DISHES
Alcuni piatti tipici [*al'kooni pee'yatti 'tipichi*]

HORS D'ŒUVRES
Antipasti [*anti'pasti*]

Affettati [*affett'ahti*] Cold meats

Insalata di mare
[*insal'ahtah di 'mahreh*]

Seafood salad

Mozzarella alla caprese
[*motsa'rellah 'allah ka'preyzeh*]

Soft low fat cheese and tomato salad

FIRST COURSE
Primi piatti [*'preemi pee'yatti*]

Lasagne [*laz'anyeh*]

Lasagne

Minestra del giorno
[*min'estrah del 'johrnoh*]

Soup of the day

Spaghetti ai frutti di mare
[*spag'etti aiy 'frootti di 'mahreh*]

Spaghetti with seafood

Tagliatelle alla bolognese
[*talya'telleh 'allah bolon'yeyzeh*]

Egg noodles with meat and tomato sauce

SECOND COURSE AND SIDE DISHES
Secondi piatti e contorni [*se'kondi pee'yatti eh kon'tohrni*]

Cotechino con lenticchie
[*koteh'keenoh kon len'tikkeeyeh*]

Pork sausage cooked with lentils

Cotoletta alla milanese
[*koto'lettah 'allah milan'eyzeh*]

Breaded veal cutlet

Insalata mista [*insal'ahtah 'mistah*]	Mixed salad
Patate fritte [*pa'tahteh 'fritteh*]	Chips
Pizza/Calzone [*'peetsah/kalts'oneh*]	Pizza/Folded stuffed pizza
Pollo arrosto [*'polloh arr'ostoh*]	Roast chicken
Salsiccia in umido / alla griglia [*sal'seechah in 'oomidoh/'allah grill'yah*]	Sausage stew/grilled sausage
Scaloppina di manzo/di maiale (al vino, al limone) [*skalop'eenah di 'mantso/di mai'yahleh*]	Escalope of veal/pork (with wine/lemon)
Zuppa di pesce [*'tsoopah di 'pesheh*]	Fish soup

SWEETS
Dolci [*'dolchi*]

Babà [*ba'bah*]	Rum baba
Budino al cioccolato [*boo'deenoh al chokko'lahtoh*]	Chocolate mousse
Cassata [*ka'sahtah*]	Sicilian cake with icing, cream, pistacchio, candied fruits, cinnamon
Crostata di mele /di frutta [*kros'tahtah di 'mehleh /di 'froottah*]	Apple/fruit tart

Dolce del giorno
['dolcheh del 'johrnoh']
Dessert of the day

Macedonia
[macheh'doneeyah]
Fruit salad

Tirami su ['teerami
soo]
Cream cake with chocolate and cocoa

Torta alle mandorle
['tortah 'alleh
'mandorleh]
Almond cake

Zuppa inglese
['tsoopah in'gleyzeh]
Sponge cream pudding

Bar, gelateria, caffè e altri locali pubblici
[*bahr, jelater'eeyah, kaff'eh eh 'altri lo'kahli 'pooblichi*]

a pint of beer	birra grande [*'birrah 'grandeh*]
ale	birra chiara [*'birrah kee'yarah*]
aperitif	aperitivo [*aperi'teevoh*]
ashtray	portacenere [*porta'cheynereh*]
band	orchestra [*or'kestrah*]
bar, pub	bar [*bahr*]
bathroom	toilette [*twa'let*]
beer	birra [*'birrah*]
bitter	amaro [*am'ahroh*]
bottle	bottiglia [*bott'eelyah*]
bowl	coppa [*'koppah*]
brand	marca [*'markah*]
brandy	brandy [*'brehndeeh*]
cake	torta [*'tortah*]
can	lattina [*latt'eenah*]
chair	sedia [*'seydiah*]
champagne	champagne [*sham'panyeh*]
chocolate	cioccolata [*choko'lahtah*]
coffee	caffè [*kaff'eh*]
espresso coffee	caffè espresso [*kaff'eh es'pressoh*]
cold	freddo [*'freddoh*]
couch	divano [*di'vahnoh*]
counter	banco [*'bankoh*]
cream	panna [*'pannah*]
desk	cassa [*'kassah*]
disco	discoteca [*disko'teykah*]
drought beer	birra alla spina [*'birrah*]
fruit juice	succo di frutta [*'sookoh di 'froottah*]
fruit salad	macedonia di frutta [*matchey'doneeyah di 'froottah*]

gin	gin [*'jin*]
glass	bicchiere [*bikki'yereh*]
half-pint	birra piccola [*'birrah 'pikkolah*]
hazel-nut	nocciola [*notchee'yolah*]
hot	bollente [*boll'enteh*]
ice-cream	gelato [*je'lahtoh*]
ice-cream parlour	gelateria [*jelater'eeyah*]
lemon	limone [*li'moneh*]
lemonade	limonata [*limon'ahtah*]
liquor	liquore [*li'kworeh*]
litre	litro [*'leetroh*]
lukewarm	tiepido [*tee'epidoh*]
milk-shake	frullato [*froo'lahtoh*]
milk	latte [*'latteh*]
mineral water	acqua minerale [*'akwah miner'ahleh*]
mint	menta [*'mentah*]
night-club	locale notturno [*lo'kahleh nott'oornoh*]
orange squash	spremuta d'arancia [*spreym'ootah daran'chah*]
orangeade	aranciata [*aran'chahtah*]
paper napkin	tovagliolo di carta [*tovalyee'oloh di 'kahrtah*]
pistachio	pistacchio [*piss'takkeeyoh*]
porter, stout	birra scura [*'birrah 'skoorah*]
pub	birreria [*birrer'eeyah*]
restaurant	ristorante [*ristor'anteh*]
salt biscuit	salatini [*sala'teeni*]
sandwich	panino imbottito [*pan'eenoh imbot'eetoh*]
sherry	sherry [*sherri*]
slice of cake	fetta di torta [*'fettah di 'tortah*]

small cup	tazzina [*tats'eenah*]
small plate	piattino [*peeyat'eenoh*]
stool	sgabello [*sga'belloh*]
strawberry	fragola [*'fragolah*]
sugar	zucchero [*'tsukkeroh*]
sugar-bowl	zuccheriera [*tsukkeri'yerah*]
sweet	dolce [*'dolcheh*]
table	tavolo [*'tahvoloh*]
table-cloth	tovaglia [*to'valyah*]
tap water	acqua naturale [*'akwah natoor'ahleh*]
tea	tè [*tey*]
lemon tea	tè al limone [*tey al li'moneh*]
milk tea	tè al latte [*tey al 'latteh*]
teapot	teiera [*te'yerah*]
teaspoon	cucchiaino [*kookeeay'eenoh*]
toast	toast [*tost*]
vanilla	vaniglia [*van'eelyah*]
waiter	cameriere [*kameree'yereh*]
waitress	cameriera [*kameree'yerah*]
warm	caldo [*'kaldoh*]
whiskey	wiskey [*'wiski*]
wine	vino [*'veenoh*]
dry wine	vino secco [*'veenoh 'sekkoh*]
red wine	vino rosso [*'veenoh 'rossoh*]
rosé wine	vino rosato [*'veenoh ro'zahtoh*]
sparkling wine	spumante [*spoo'manteh*]
sweet wine	vino dolce [*'veenoh 'dolcheh*]
white wine	vino bianco [*'veenoh bee'yankoh*]
wine shop	enoteca [*eyno'tekah*]
A pint / half-pint of beer, please	Una birra grande / piccola, per favore [*'oonah 'birrah 'grandeh / 'pikkolah, peyr fa'voreh*]
One whiskey with ice cubes, please	Un whisky con ghiaccio [*oon 'wiski kon ghee'yatchoh*]

I prefer wine to beer	Preferisco il vino alla birra [*prefer'iskoh eel 'veenoh 'allah 'birrah*]
Is there a show tonight?	C'è spettacolo questa sera? [*chey spett'akoloh 'kwestah 'seyrah?*]
Do you have a table for tonight?	Ci sono tavoli liberi questa sera? [*chee 'sohnoh 'tahvoli 'leeberi 'kwestah 'seyrah?*]
I'm paying for this round	Offro io questo giro [*'offroh 'eeyoh 'kwestoh 'jeeroh*]
To your health	Alla salute [*'allah sal'ooteh*]
Let's toast to our success / your marriage	Brindiamo al nostro successo / al vostro matrimonio [*brindee'yamoh al 'nostroh soo'chessoh / al 'vostroh matri'mohneeyoh*]
My cloak number is 36	Il mio numero di guardaroba è il 36 [*eel 'meeyoh 'noomeroh di 'gwarda'robah eh eel trenta'sey*]
Who's driving tonight?	Chi guida questa sera? [*ki 'gweedah 'kwestah 'seyrah?*]

SHOPS

Negozi [ne'gotsi]

closing hours	orario di chiusura [or'ahreeyoh di keeyoo'zoorah]
credit card	carta di credito ['kahrtah di 'kreditoh]
delivery	consegna [kon'senyah]
home delivery	consegna a domicilio [kon'senyah a dommi'cheelyoh]
fast delivery	consegna rapida [kon'senyah 'rapidah]
24-hours delivery	consegna in 24 ore [kon'senyah in venti'kwatroh 'ohreh]
discount	sconto ['skontoh]
end-of-season sales	svendita di fine stagione ['svenditah di 'feeneh sta'joneh]
gift	regalo [re'gahloh]
opening hours	orario di apertura [or'ahreeyoh di aper'toorah]
parcel	pacchetto [pa'kettoh]
purchase	acquisto [ak'wistoh]
sale	vendita ['venditah]
sales	saldi ['saldi]
saleswoman/salesman	commessa/commesso [ko'messah/ko'messoh]
shop, store	negozio [ne'gotseeyoh]
shopping centre	centro commerciale ['chentroh kommerchee'yaleh]
size	taglia ['talyah]
to spend	spendere ['spendereh]
wrapping	confezione [konfetsee'yoneh]

180

CLOTHES AND ACCESSORIES
Abbigliamento e accessori [*abbilya'mentoh eh achess'ohri*]

belt	cintura [*chin'toorah*]
botton	bottone [*bott'ohneh*]
brassière	reggiseno [*redjees'enoh*]
cardigan/jumper	golf [*golf*]
colour	colore [*kol'ohreh*]
costume	costume [*kos'toomeh*]
cotton	cotone [*ko'toneh*]
cuff	polsino [*pol'seenoh*]
dress	abito [*'ahbitoh*]
dress	abito da donna [*'ahbitoh dah 'donnah*]
suit	abito da uomo [*'ahbitoh dah 'womoh*]
dressing-gown	vestaglia [*ves'talyah*]
fabric	tessuto [*tess'ootoh*]
checkered cloth	tessuto a quadri [*tess'ootoh a 'kwadri*]
colour-blended fabric	tessuto melange [*tess'ootoh mel'ahnj*]
jacquard cloth	tessuto jacquard [*tess'ootoh 'zhakar*]
patterned cloth	tessuto fantasia [*tess'ootoh fanta'zeeyah*]
plain-colour fabric	tessuto in tinta unita [*tess'ootoh in 'tintah oo'neetah*]
polka-dot fabric	tessuto a pois [*tess'ootoh a pwah*]
striped cloth	tessuto a righe [*tess'ootoh a 'reegheh*]
garter belt	reggicalze [*redgi'kaltseh*]
gloves	guanti [*'gwanti*]
handbag	borsetta [*bor'settah*]
hat	cappello [*ka'pelloh*]
head-scarf	foulard [*foo'lar*]
hem	orlo [*'orloh*]

181

hold-ups	calze autoreggenti [*'kaltseh owtoreh'jenti*]
jacket	giacca [*'jakkah*]
knee-socks	calzettoni [*kaltseh'toni*]
leggings	fuseaux [*foo'zoh*]
length	lunghezza [*lun'ghetsah*]
linen	lino [*'leenoh*]
long	lungo [*'lungoh*]
man-made fiber	fibra sintetica [*'feebrah sin'teytikah*]
measure/size	misura [*mi'zoorah*]
natural fiber	fibra naturale [*'feebrah natoor'ahleh*]
night-gown	camicia da notte [*kam'eechah dah 'notteh*]
overcoat	cappotto [*ka'pottoh*]
panties	mutande [*moot'ahndeh*]
pocket	tasca [*'taskah*]
pullover, jersey	maglione [*mal'yoneh*]
turtle-neck jersey	maglione col collo alto [*mal'yoneh kol 'kolloh 'altoh*]
pyjamas	pigiama [*pee'jahmah*]
raincoat	impermeabile [*impermey'ahbileh*]
satin	raso [*'rahzoh*]
scarf	sciarpa [*'sharpah*]
shade, colour	tinta [*'tintah*]
plain colour	tinta unita [*'tintah oo'neetah*]
shirt	camicia [*kam'eechah*]
short	corto [*'kortoh*]
shorts	calzoni corti [*kalts'oni 'kortih*]
silk	seta [*'seytah*]
skirt	gonna [*'gonnah*]

sleeve	manica ['manikah]
smock	camice ['kamicheh]
stockings	calze ['kaltseh]
suit	vestito [ves'teetoh]
sweat-shirt	felpa ['felpah]
sweater	cardigan ['kardigan]
tie	cravatta [kra'vattah]
tights	calzamaglia, collant [kaltsa'malyah, 'kollant]
trousers	calzoni [kalts'oni]
umbrella	ombrello [om'brelloh]
underwear and	biancheria intima
nightwear	[beeyanker'eeyah 'intimah]
velvet	velluto [vel'ootoh]
corduroy	velluto a coste [vel'ootoh a 'kosteh]
cut velvet	velluto liscio [vel'ootoh 'lisheeyoh]
vest	maglietta [mal'yettah]
waistcoat	gilet ['jileh]
width	larghezza [lar'ghetsah]
wool	lana ['lahnah]
zipper	cerniera [chernee'yerah]

COLOURS
I colori [ee ko'lohri]

beige	beige [beyzh]
black	nero ['neyroh]
blue	blu [bloo]
bordeaux	bordeaux [bor'doh]
brown	marrone [marr'ohneh]
gray	grigio ['greejoh]
green	verde ['veyrdeh]

light / dark	chiaro / scuro [*kee'yahroh / 'skooroh*]
orange	arancione [*aranchee'yoneh*]
pink	rosa ['*rosah*]
purple	viola [*veeohlah*]
red	rosso ['*rossoh*]
sky blue	azzurro [*ats'ooroh*]
white	bianco [*bee'yankoh*]
yellow	giallo ['*jalloh*]

I would like to try this dress / jumper / hat on	Vorrei provare questo vestito / maglione / cappello [*vorr'ey pro'vahreh 'kwestoh ves'teetoh / mal'yoneh / ka'pelloh*]
I would like a turtle-neck sweater, size XL	Mi serve un maglione a collo alto, taglia XL [*mi 'serveh oon mal'yoneh a 'kolloh 'altoh, 'talyah iks elleh*]
My size is ...	La mia taglia è la ... [*lah 'meeyah 'talyah eh lah ...*]
How much does it cost?	Quanto costa? ['*kwantoh 'kostah?*]
Have you got a bigger / smaller size?	Ha una taglia più grande / più piccola? [*a 'oonah 'talyah pew 'grandeh / pew 'pikkolah?*]
Have you got it in red?	Ce l'ha anche in rosso? [*chey lah 'ankeh in 'rossoh?*]
Do you have also another model?	Ha anche un altro modello? [*a 'ankeh oon 'altroh mo'delloh?*]

Could you shorten these trousers / this skirt?	Può farmi accorciare questi pantaloni / questa gonna? [pwoh 'fahrmi akorchee'ahreh 'kwesti panta'lohni / 'kwestah 'gonnah?]
It's too expensive	È troppo caro [eh 'troppoh 'kahroh]
I would like a sports / dressy tie to wear with a blue suit	Vorrei una cravatta sportiva / elegante da abbinare a un vestito blu [vorr'eh 'oonah kra'vattah spor'teevah / ele'ganteh dah abbin'ahreh a oon ves'teetoh bloo]
Have you got a shirt matching this skirt?	Ha una camicia da abbinare a questa gonna? [a 'oonah kam'eechah dah abbin'ahreh a 'kwestah 'gonnah?]
I would like a coloured scarf with matching gloves	Vorrei una sciarpa colorata con guanti coordinati [vorr'eh 'oonah 'sharpah kolor'ahtah kon 'gwanti kohordin'ahti]

ARTS AND CRAFTS
Artigianato [artijan'ahtoh]

bag	borsa ['borsah]
belt	cintura [chin'toorah]
carpet	tappeto [ta'peytoh]
chinaware	vasellame [vazell'ahmeh]
craftsman	artigiano [arti'jahnoh]
decoration	ornamento [orna'mentoh]
embroidery	ricamo [ri'kahmoh]
hand-carved	scolpito a mano [skol'peetoh a 'mahnoh]
hand-made	fatto a mano ['fattoh a 'mahnoh]
hand-painted	dipinto a mano [di'pintoh a 'mahnoh]

inlay	intarsio [*in'tarseeyoh*]
leather goods	pelletteria [*pelletter'eeyah*]
object	oggetto [*odg'ettoh*]
ornament,	soprammobile [*sopra'mobileh*]
knick-knack	
pot, vase	vaso [*'vahzoh*]
tool	utensile [*oo'tensileh*]
woven cloth	tessuto a telaio [*tess'ootoh a tel'aiyoh*]

SHOES
Calzature [*kaltsa'tooreh*]

boot	scarpone [*skar'poneh*]
boots	stivali [*sti'vahli*]
buckle	fibbia [*'fibbeeyah*]
calf	vitello [*vi'telloh*]
canvas	tela [*'teylah*]
foot	piede [*pee'yedeh*]
footware	calzatura [*kaltsa'toorah*]
heel	tacco [*'takkoh*]
kid	capretto [*kap'rettoh*]
laces	stringhe [*'stringheh*]
leather	cuoio [*'kwoyoh*]
patent leather	vernice [*ver'neecheh*]
sandal	sandalo [*'sandaloh*]
shoe	scarpa [*'skarpah*]
boots	scarpe alte [*'skarpeh 'alteh*]
flat shoes	scarpe basse [*'skarpeh 'basseh*]

high-heeled shoes	scarpe con il tacco alto ['skarpeh con eel 'takkoh 'altoh]
low-heeled shoes	scarpe con il tacco basso ['skarpeh con eel 'takkoh 'bassoh]
shoe-brush	spazzola per scarpe ['spatsolah peyr 'skarpeh]
shoe-horn	calzascarpe [kaltsa'skarpeh]
shoe-polish	lucido per scarpe ['loochidoh peyr 'skarpeh]
shoemaker	calzolaio [kaltso'laiyoh]
silk	seta ['seytah]
size	numero di scarpe ['noomeroh di 'skarpeh]
slipper	pantofola [pan'tofolah]
sole	suola ['swolah]
leather sole	suola di cuoio ['swolah di 'kwoyoh]
rubber sole	suola di gomma, di para ['swolah di 'gommah, 'parah]
suede	scamosciato [skamoshee'yahtoh]
tip	punta ['poontah]

I'd like to try on the flat sandals on display. Yes, those ones	Vorrei provare i sandali bassi che avete in vetrina. Quelli lì [vorr'ey pro'vahreh ee 'sandali 'bassi keh a'veyteh in vet'reenah. 'kwelli li]
I'm looking for a pair of smart shoes, black and with thin heels	Cerco un paio di scarpe eleganti, nere, con il tacco sottile ['cherko oon 'paiyoh di 'skarpeh ele'ganti, 'neyreh con eel 'takkoh sott'eeleh]
They fit a bit too tight / loose	Mi vanno un po' strette / un po' larghe [mi 'vannoh oon poh 'stretteh / oon poh 'largheh]
Does this type of leather require special care?	È delicato questo pellame? [eh deli'kahtoh 'kwestoh pell'ahmeh?]

187

I don't like the colour	Non mi piace il colore [*non mi pee'ahcheh eel ko'loreh*]
I prefer low heels	Preferisco i tacchi bassi [*prefer'eeskoh ee 'takki 'bassi*]
I would like a pair of canvas shoes with laces	Ho bisogno di un paio di scarpe chiuse, di tela [*oh biz'onyoh di oon 'paiyoh di 'skarpeh kee'yoozeh di 'teylah*]
A pair of plastic slippers, size 6 1/2, please	Un paio di ciabatte da piscina, numero 40, per favore [*oon 'paiyoh di cha'batteh dah pish'eenah 'noomeroh kwar'antah, peyr fa'voreh*]
My heel has come off. Where can I have it repaired?	Mi si è rotto il tacco. Dove posso farlo riparare? [*mi si eh 'rottoh eel 'takkoh. 'doveh 'possoh 'fahrloh ripa'rahreh?*]

STATIONARY AND TOY SHOP
Cartoleria e giocattoli [*kartoler'eeyah eh jo'kahtoli*]

adhesive tape	nastro adesivo [*'nastroh adez'eevoh*]
ball	palla [*'pallah*]
brief-case	cartella [*kahr'tellah*]
building blocks	costruzioni di legno [*kostrootsee'yoni di 'lenyoh*]
calendar	calendario [*kalen'dahreeyoh*]
cardboard	cartone [*kahrt'oneh*]
colours	colori [*ko'lori*]
oil-colours	colori ad olio [*ko'lori ad 'ohleeyoh*]
tempera colours	colori a tempera [*ko'lori a 'temperah*]
diary	agenda [*a'jendah*]
doll	bambola [*'bambolah*]

electrick track	pista elettrica [*'peestah el'etrikah*]
envelope	busta [*'boostah*]
exercise book	quaderno [*kwa'deyrnoh*]
loose-leaf notebook	quaderno con gli anelli [*kwa'deyrnoh con li an'elli*]
ruled notebook	quaderno a righe [*kwa'deyrnoh a 'reegheh*]
squared-ruled notebook	quaderno a quadretti [*kwa'deyrnoh a kwad'retti*]
felt-point pen	pennarello [*penna'relloh*]
file	scheda [*'skeydah*]
file cabinet	schedario [*ske'dahreeyoh*]
file-cover	raccoglitore [*rakkolyi'tohreh*]
folder	cartellina [*kahrtell'eenah*]
greetings card	biglietto augurale [*bil'yetoh owgoor'ahleh*]
ink	inchiostro [*inkee'yostroh*]
marker	evidenziatore [*evidentseeya'toreh*]
notebook	bloc-notes [*blok'notes*]
paper	carta [*'kahrtah*]
drawing paper	carta da disegno [*'kahrtah da diz'enyoh*]
recycled paper	carta riciclata [*'kahrtah richi'klatah*]
wrapping paper	carta da regalo [*'kahrtah dah re'gahloh*]
writing paper	carta da lettere [*'kahrtah dah 'lettereh*]
paper napkins	salviette di carta [*salvee'yetteh di 'kahrtah*]
paper plates	piatti di carta [*pee'yatti di 'kahrtah*]
pen	penna [*'pennah*]
fountain-pen	penna stilografica [*'pennah steelo'grafikah*]
pencil	matita [*ma'teetah*]
colour pencils	matite colorate [*ma'teeteh kolor'ahteh*]

plain / patterned	tinta unita / fantasia
	['tintah oo'neetah / fanta'zeeyah]
postcard	cartolina [kahrto'leenah]
poster	manifesto [mani'festoh]
propelling pencil	portamine [porta'meeneh]
refill	cartucce di ricambio
	[kahrt'oocheh di ri'kambeeyoh]
rubber	gomma per cancellare
	['gommah peyr kanchell'ahreh]
ruler	righello [ri'ghelloh]
stapler	graffettatrice [graffetta'treecheh]
staples	graffette [graff'etteh]
tacks	puntine da disegno
	[poon'teeneh dah diz'enyoh]
top	trottola ['trottolah]
toy	giocattolo [jo'katoloh]
toy-train	trenino [tre'neenoh]

I would like a toy for a two-year-old child	Vorrei un giocattolo per un bambino di due anni
	[vorr'eh oon jo'katoloh peyr oon bam'beenoh di 'dooeh 'anni]
Can you recommend a toy for an eight-year-old girl?	Può consigliarmi un gioco per una bambina di otto anni?
	[pwoh konsil'yahrmi oon 'jokoh peyr 'oonah bam'beenah di 'ottoh 'anni?]
How much does the red-haired doll cost?	Quanto costa la bambola con i capelli rossi?
	['kwantoh 'kostah lah 'bambolah kon ee ka'pelli 'rossi?]
I'd like to see that toy in the window	Vorrei vedere quel gioco che ha in vetrina
	[vorr'eh ve'dehreh kwel 'jokoh keh a in vet'reenah]

Have you got this size envelopes?	Ha delle buste di questa misura? [*a 'delleh 'boosteh di 'kwestah miz'oorah?*]
I'd like light gray writing paper and envelopes	Vorrei carta e busta di colore grigio chiaro [*vorr'eh 'kahrtah eh 'boostah di ko'loreh gree'joh kee'yahroh*]
Have you got refills for this fountain-pen?	Ha delle cartucce di ricambio per questo modello di stilografica? [*a 'delleh kahrt'oocheh di ri'kambeeyoh peyr 'kwestoh mo'delloh di steelo'grafikah?*]
I would like some large-size wrapping paper	Vorrei della carta da regalo di grande formato [*vorr'eh 'dellah 'kahrtah dah re'gahloh di 'grandeh for'mahtoh*]

FLORIST
Fioraio [*feeyor'aiyoh*]

azalea	azalea [*at'zeyleyah*]
begonia	begonia [*be'goneeyah*]
cactus	pianta grassa [*pee'yantah 'grassah*]
carnation	garofano [*ga'rofanoh*]
daisy	margherita [*margher'eetah*]
fertilizer	fertilizzante [*fertilits'anteh*]
flower	fiore [*fee'yoreh*]
flower bunch	mazzo di fiori [*'matsoh di fee'yori*]
geranium	geranio [*jer'ahneeyoh*]
cleeper geranium	geranio rampicante [*jer'ahneeyoh rampi'kanteh*]

iris	iris [*'eeris*]
orchid	orchidea [*orki'deyah*]
plant	pianta [*pee'yantah*]
pot	vaso [*'vahzoh*]
primrose	primula [*pri'moolah*]
rose	rosa [*'rozah*]
soil	terra [*'terrah*]
sunflower	girasole [*jeera'soleh*]
tulip	tulipano [*tooli'pahnoh*]
violet	viola [*vee'yolah*]

I would like a bunch of different yellow flowers

Vorrei un mazzo di fiori gialli assortiti
[*vorr'eh oon 'matsoh di fee'yori 'jalli assor'teeti*]

I'd like to spend about ...

Vorrei spendere circa ...
[*vorreh 'spendereh 'cheerkah ...*]

Six small begonias and two flower pots, please

Sei piccole begonie e due vasi di terracotta per favore
[*sey 'pikkoleh be'goneeyeh eh 'dooey 'vahzi di terra'kottah peyr fa'vorey*]

I like this green plant; does it grow well indoor?

Mi piace questa pianta verde; vive bene in appartamento?
[*mi pee'ahrcheh 'kwestah pee'yantah 'veyrdeh; 'veeveh ben in aparta'mentoh?*]

Should I water it often?

Devo bagnarla spesso?
[*'deyvoh ban'yahrlah 'spessoh?*]

How much do the red roses cost?

Quanto costano le rose rosse?
[*'kwantoh 'kostanoh leh 'rozeh 'rosseh?*]

192

How much for home delivery?	Quanto costa il servizio di consegna? ['kwantoh 'kostah eel ser'vitseeyoh di kon'senyoh?]
Could you deliver it within 12 hours / before tonight?	Può fare la consegna a domicilio entro le ore 12 / entro stasera? [pwoh 'fahreh lah kon'senyah a dommi'cheelyoh 'entroh leh 'ohreh 'dodichi / 'entroh sta'seyrah?]
Could you add some green branches?	Può aggiungere anche dei rami verdi? [pwoh aj'undgereh 'ankeh dey 'rahmi 'veyrdi?]
Could you give me some paper to write the address on?	Può darmi della carta per scrivere l'indirizzo? [pwoh 'dahrmi 'dellah 'kahrtah peyr 'skreevereh lindi'ritsoh?]
Please, put also a matching ribbon	Mi metta anche un bel fiocco intonato [mi 'mettaj 'ankeh oon bel fee'yokkoh inton'ahtoh?]
How much is it?	Quanto le devo in tutto? ['kwantoh leh 'deyvoh in 'tootoh?]

JEWELLERY, CUSTOM JEWELLERY, WATCHMAKER'S
Gioielleria, bigiotteria, orologiaio
[joyeller'eeyah, bijotter'eeyah, orolo'jaiyoh]

alarm clock	sveglia ['svelyah]
amethyst	ametista [amey'teestah]
bracelet	braccialetto [bratcha'lettoh]
carat	carato ['karahtoh]
clip-ons	clips ['kleeps]
coral	corallo [ko'ralloh]
cuff-links	gemelli [je'melli]

dial	quadrante [*kwad'ranteh*]
diamond	diamante [*deeya'manteh*]
earrings	orecchini [*orekk'eeni*]
emerald	smeraldo [*smer'aldoh*]
gold	oro [*'ohroh*]
gold-plated	bagno d'oro [*'banyoh 'doroh*]
hand	lancetta [*lan'chettah*]
ivory	avorio [*a'vohreeyoh*]
key-holder	portachiavi [*portakee'yahvi*]
necklace	collana [*koll'ahnah*]
pearl	perla [*'peyrlah*]
cultivated pearl	perla coltivata [*'peyrlah kolti'vahtah*]
pewter	peltro [*'peltroh*]
photograph holder	portafotografia [*portafotogra'feeyah*]
pin, brooch	spilla [*'spillah*]
platinum	platino [*'platinoh*]
precious stone	pietra preziosa [*pee'yetrah pretsee'yosah*]
to repair	riparare [*ripa'rahreh*]
ring	anello [*an'elloh*]
ruby	rubino [*roo'beenoh*]
sapphire	zaffiro [*tsaff'eeroh*]
screw	vite [*'veeteh*]
semi-precious stone	pietra dura [*pee'yetrah 'doorah*]
to set	regolare [*rego'lahreh*]
silver	argento [*ar'jentoh*]
silver-plated	bagno d'argento [*'banyoh dar'jentoh*]
spring	molla [*'mollah*]
stop-watch	cronometro [*kro'nomeytroh*]
topaz	topazio [*to'patseeyoh*]
turquoise	turchese [*toor'keyzeh*]

watch, clock	orologio [oro'lodgeeyoh]
pendulum /	orologio a pendolo
grandfather clock	[oro'lodgeeyoh a 'pendoloh]
pocket watch	orologio da taschino
	[oro'lodgeeyoh dah tas'keenoh]
quartz watch	orologio al quarzo
	[oro'lodgeeyoh al 'kwartsoh]
wall clock	orologio da parete
	[oro'lodgeeyoh dah pa'reyteh]
wrist-watch	orologio da polso
	[oro'lodgeeyoh dah 'polsoh]
watch-band	cinturino [chintoor'eenoh]
watchcase	cassa ['kassah]
wedding ring	fede ['feydeh]

How much does the diamond ring in the window cost?

Quanto costa l'anello con brillante che ha in vetrina?
['kwantoh 'kostah lan'elloh kon brill'anteh keh a in vet'reenah?]

I want to buy a birthday present. Can you show me some gold chains?

Devo fare un regalo di compleanno. Mi fa vedere una collanina d'oro?
['deyvoh 'fahreh oon re'gahloh di kompleh'annoh mi fah ve'dereh 'oonah kolla'neenah 'doroh?]

Have you got something cheaper?

Ha qualcosa di meno caro?
[a kwal'kozah di 'meynoh 'kahroh?]

Can I see a plainer design?

Ha un modello più semplice?
[a oon mo'dello pew 'semplicheh?]

How much does it cost in silver?

Quanto costa in argento?
['kwantoh 'kostah in ar'jentoh?]

I don't like the stone setting

Non mi piace la montatura della pietra
[non mi pee'ahcheh lah monta'toorah 'dellah pee'yetrah]

I'd prefer something less showy	Preferisco qualcosa di meno vistoso [*prefer'eeskoh kwal'kozah di 'meynoh vist'ozoh*]
I see another model with gold and platinum design; may I try it on, please?	C'è un altro modello con la lavorazione di oro e platino; me lo fa provare, per favore? [*cheh oon 'altroh mo'delloh kon lah lavorztsee'yoneh di 'ohroh eh 'platinoh; meh loh fah pro'vahreh, peyr fa'voreh?*]
My pearl necklace has broken. Can you restring it?	La mia collana di perle si è rotta. Può farla infilare? [*lah 'meeyah koll'ahnah di 'peyrleh si eh 'rottah. pwoh 'fahrlah infil'ahreh?*]
My watch has stopped; can you fix it?	Il mio orologio si è fermato, può ripararmelo? [*eel 'meeyoh oro'lodgeeyoh si eh feyr'mahtoh; pwoh ripa'rahrmelo?*]
I think the battery is dead; can you change it?	Credo che la batteria sia scarica; me la cambia? [*'kreydoh keh lah batter'eeyah 'seeyah 'skarika meh lah 'kambeeyah?*]
My watch is fast / slow	Il mio orologio va avanti / indietro [*eel 'meeyoh oro'lodgeeyoh vah a'vanti / indee'yetroh*]
Have you got this type of watch?	Ha questo modello di orologio? [*a 'kwestoh mo'delloh di oro'lodgeeyoh?*]
Is it worth repairing it?	Vale la pena ripararlo? [*'vahleh lah 'peynah ripa'rahloh?*]
How much will repairing cost?	Quanto mi costa la riparazione? [*'kwantoh mi 'kostah lah riparatsee'yoneh?*]

| When will it be ready? | Quando sarà pronto? ['kwandoh sa'rah 'prontoh?] |

BOOKS AND PAPERS
Libri e giornali ['leebri eh jor'nahli]

book	libro ['leebroh]
cookery-book	libro di cucina ['leebroh di koo'cheenah]
illustrate book	libro illustrato ['leebroh illoo'strahtoh]
pocket book	libro tascabile ['leebroh task'ahbileh]
text-book	libro di testo ['leebroh di 'testoh]
catalogue	catalogo [ka'talogoh]
comics	fumetti [foo'metti]
coming out soon	di prossima pubblicazione [di 'prossimah pooblikatsee'yoneh]
daily paper	quotidiano [kwotidi'ahnoh]
dictionary	dizionario [ditseeyon'ahreeyoh]
edition	edizione [editsee'yoneh]
pocket edition	edizione economica [editsee'yoneh eko'nomikah]
encyclopedia	enciclopedia [enchiklopeh'deeyah]
foreign press	stampa straniera ['stampah stranni'yerah]
grammar-book	grammatica [gra'matikah]
guide-book	guida ['gweedah]
hand-book	manuale [manoo'ahleh]
in the original language	in lingua originale [in 'lingwah oriji'nahleh]
library	biblioteca [bibleeyo'teykah]
literature	letteratura [lettera'toorah]

magazine	periodico [*peri'odikoh*]
magazine, journal	rivista [*ri'veestah*]
map	carta geografica [*'kahrtah*]
new edition	nuova edizione
	[*'nwovah editsee'yoneh*]
newspaper	giornale [*jor'nahleh*]
newspaper stand	edicola [*ed'eekolah*]
novel	romanzo [*ro'mantsoh*]
adventure story	romanzo di avventura
	[*ro'mantsoh di avven'toorah*]
crime story	romanzo giallo
	[*ro'mantsoh 'jalloh*]
romatic novel	romanzo rosa [*ro'mantsoh 'rozah*]
science-fiction	romanzo di fantascienza
novel	[*ro'mantsoh di fantashee'yentsah*]
paper	carta [*'kahrtah*]
poem	poesia [*poe'zeeyah*]
poet	poeta [*po'eytah*]
press	stampa [*'stampah*]
publication	pubblicazione [*pooblikatsee'yoneh*]
publisher	editore [*edi'tohreh*]
publishing company	casa editrice [*'kahzah edi'treecheh*]
reprint	ristampa [*ri'stampah*]
series	collana [*ko'llanah*]
story	racconto [*ra'kontoh*]
subscription	abbonamento [*abonna'mentoh*]
volume	volume [*vol'oomeh*]
weekly magazine	settimanale [*settima'nahleh*]
work	opera [*'operah*]
writer	scrittore [*skri'toreh*]
I'd like a town guide-book in English	Vorrei una guida della città in inglese [*vorr'eh 'oonah 'gweedah 'dellah chi'tah in ing'leyzeh*]

Have you got a guide-book in English?	Avete una guida in inglese? [a'veyteh 'oonah 'gweedah in ing'leyzeh?]
I would like a pocket English/Italian dictionary	Vorrei un dizionario tascabile inglese/italiano [vorr'ey oon ditseeyon'ahreeyoh task'ahbileh ing'leyzeh/ital'yahnoh]
I'm looking for a beginner's Italian phrase book	Cerco un manuale di conversazione italiana per principianti ['cherkoh oon manoo'ahleh di konversatsee'yoneh ital'yahnah peyr princhipee'yanti]
I'd like to read something in Italian with English parallel text	Vorrei leggere qualcosa in italiano con traduzione inglese a fronte [vorr'eh 'ledgereh kwal'kozah in ital'yahnoh kon tradootsee'yoneh ing'leyzeh a 'fronteh]
Could you order this book for me? When can I come and get it?	Può ordinarmi questo libro? Quando posso ritirarlo? [pwoh ordin'ahrmi 'kwestoh 'leebroh? 'kwandoh 'possoh ritir'ahrloh?]
I'm a student, can I have a discount?	Sono uno studente, ho diritto a uno sconto? ['sohnoh 'oonoh stoo'denteh, oh di'rittoh a 'oonoh 'skontoh?]
Have you got English books here?	Tenete anche libri inglesi? [te'neyteh 'ankeh 'leebri ing'leyzi?]
Is there a news-stand carrying English newspapers?	C'è un'edicola che vende giornali inglesi? [cheh oon ed'eekolah keh 'vendeh jor'nahli ing'leyzi?]
Which English newspapers do you carry?	Quali quotidiani inglesi ricevete? ['kwahli kwotidi'ahni ing'leyzi richey'vehteh?]

When does the ... newspaper arrive?	A che ora trovo il quotidiano ...? [*a keh 'ohrah 'trovoh eel kwotidi'ahnoh ...?*]
Can you keep a copy of ... for me?	Può tenermi da parte una copia di ...? [*pwoh te'nehrmi dah 'parteh 'oonah 'kopyah di ...?*]

PHOTOGRAPHY
Fotografia [*fotogra'feeyah*]

automatic camera	macchina automatica [*'makkinah owto'matikah*]
binoculars	binocolo [*bi'nokkoloh*]
development, printing	sviluppo [*svi'loopoh*]
printing included	sviluppo incluso [*svi'loopoh in'kloozoh*]
distance	distanza [*dis'tanstah*]
exposure metre	esposimetro [*espoz'imetroh*]
film	pellicola [*pell'eekolah*]
film roll	rullino [*roo'leenoh*]
flash	flash [*'flesh*]
lens	obiettivo [*obeeyet'eevoh*]
passport-size photo	foto tessera [*'fotoh 'tesserah*]
photograph, print	fotografia [*fotogra'feeyah*]
black and white print	fotografia in bianco e nero [*fotogra'feeyah in bee'yankoh eh 'neyroh*]
colour print	fotografia a colori [*fotogra'feeyah a ko'lohri*]
reflex	reflex [*'rehflex*]

slides	diapositive [*diapozi'teeveh*]
special offer	offerta speciale [*off'ertah spechee'yahleh*]
telephoto lens	teleobiettivo [*teleobeeyet'eevoh*]
telescope	cannocchiale [*kannokkee'yahleh*]

Passport-size photos in three minutes	Foto tessera a colori in tre minuti [*'fotoh 'tesserah a ko'lohri in trey mi'nooti*]
Development in 24 hours	Sviluppo in 24 ore [*svi'loopoh in venti'kwatroh 'ohreh*]
Day delivery	Consegna in giornata [*kon'senyah in jor'nahtah*]
I would like a slide film with 36 exposures	Vorrei un rullino di 36 diapositive [*vorr'eh oon roo'leenoh di trenta'sey diapozi'teeveh*]
A colour print film with 24 exposures, please	Un rullino di 24 foto a colori, per favore [*oon roo'leenoh di venti'kwatroh 'fotoh a ko'lohri, peyr fa'voreh*]
Is developing included in the price?	Lo sviluppo è compreso nel prezzo? [*loh svi'loopoh eh kom'preyzoh nel 'pretsoh?*]
I would like this films developed/printed. When they be ready?	Vorrei far sviluppare questi rullini. Quando sono pronti? [*vorr'eh fahr sviloo'pahreh 'kwesti roo'leeni. 'kwandoh 'sohnoh 'pronti?*]
How much does a 5 × 7 in. enlargement cost?	Quanto costa l'ingrandimento a 13 × 18 cm? [*'kwantoh 'kostah lingrandi'mentoh a 'trehdichi peyr dichi'ottoh chen'timetri?*]

Could you make a negative of this photo and make ten prints from it?

Può ricavare un negativo da questa foto e poi farne dieci copie?
[pwoh rika'vahreh oon nega'teevoh dah 'kwestah 'fotoh eh poy 'fahrneh di'eychi 'kopiyeh?]

HAIRDRESSER, BARBER, BEAUTICIAN
Parrucchiere, barbiere, estetista
[parrookee'yereh, barbee'yereh, estet'eestah]

after-shave	dopobarba [dopo'bahrbah]
appointment	appuntamento [appoonta'mentoh]
bang	frangia ['franjah]
barber	barbiere [barbee'yereh]
beard	barba ['bahrbah]
beautician	estetista [estet'eestah]
bleaching	decolorazione [dekoloratsee'yoneh]
brush	spazzola ['spatsolah]
comb	pettine ['pettineh]
conditioner	balsamo ['balsamoh]
cream	crema ['kreymah]
cut	taglio ['talyoh]
dandruff	forfora ['forforah]
drier	casco ['kaskoh]
dye	tintura [tin'toorah]
eye-brow	sopracciglia [sopra'cheelyah]
face-pack	maschera di bellezza ['maskerah di bel'etsah]
facial	pulizia del viso [poolits'eeyah del 'veezoh]
forelock	ciuffo ['chooffo]
gel lotion	gel [jel]
hair	capelli [ka'pelli]

bleached hair	capelli decolorati [ka'pelli dekolor'ahti]
delicate hair	capelli delicati [ka'pelli deli'kahti]
dry hair	capelli secchi [ka'pelli 'sekki]
normal hair	capelli normali [ka'pelli nor'mahli]
oily hair	capelli grassi [ka'pelli 'grassi]
hair spray	lacca ['lakkah]
hair-removing	depilazione [depilatsee'yoneh]
hairdresser	parrucchiere [parrookee'yereh]
highlights	meches [mesh]
lotion	frizione [fritsee'yoneh]
manicure	manicure [mani'koor]
mirror	specchio ['spekkyoh]
moustache	baffi ['baffi]
nails	unghie ['ungheeyeh]
nail-polish	smalto ['zmaltoh]
pedicure	pedicure [pedi'koor]
perm	permanente [perma'nenteh]
razor	rasoio [raz'oyoh]
rollers	bigodini [bigo'deeni]
scissors	forbici ['forbichi]
set	messa in piega ['messah in pee'yegah]
set	piega [pee'yegah]
setting cream	schiuma per fissaggio [skee'yoomah peyr fiss'adgeeyoh]
setting lotion	fissatore [fissa'tohreh]
shampoo	shampoo ['shampoh]
anti-dandruff shampoo	shampoo antiforfora ['shampoh anti'forforah]
shaving cream	schiuma da barba [skee'yoomah dah 'bahrbah]
trimming	sfumatura [sfooma'toorah]
tweezers	pinzette [pints'etteh]

washing   lavaggio [la'vadgeeyoh]

A shave and haircut,   Barba e capelli, per favore
please   ['bahrbah eh ka'pelli, peyr fa'voreh]

Could you put some   Preferisco una crema dopobarba
after-shave, my skin   perché ho la pelle molto delicata
is very delicate   [prefer'eeskoh 'oonah 'kreymah
                              dopo'bahrbah peyr'keh oh lah 'pelleh
                              'moltoh deli'kahtah]

Only shampooing   Vorrei solo shampoo e piega
and setting, please   [vorr'eh 'sohloh 'shampoh eh
                              pee'yegah]

I'd like my hair cut   Me li tagli molto corti dietro
very short in the back   [meh li 'talyi 'moltoh 'korti dee'yetroh]

Don't cut it too   Non li accorci troppo, solo una
short, just a trim   spuntatina
                              [non li a'korchi 'troppoh, 'sohloh
                              'oonah spunta'teenah]

I'm losing my hair,   Perdo molti capelli, ha una lozione
have you got a   curativa?
treatment lotion?   [peyrdoh 'molti ka'pelli, a 'oonah
                              lohtsee'yoneh koora'teevah?]

I'd like my hair cut   Vorrei un taglio corto, molto alla
short in a fashionable   moda
style   [vorr'eh oon 'talyoh 'kortoh, 'moltoh
                              'allah 'modah]

I'd like a light perm   Vorrei fare una permanente
                              leggera
                              [vorr'eh 'fahreh 'oonah perma'nenteh
                              le'dgerah]

Could you do some   Mi fa anche qualche meches?
highlights also?   [mi fah 'ankeh 'kwalkey mesh?]

204

I'd like some blond / auburn / gold hues	Vorrei dei riflessi chiari / ramati / dorati [vorr'eh dey ri'flessi kee'yahri / ra'mahti / dor'ahti]

PERFUMES AND COSMETICS
Profumi e cosmetici [pro'foomi eh koz'metichi]

after-shave	dopo barba [dopo'bahrbah]
after-sun	doposole [dopo'sohleh]

blush	fard [fahrd]
brush	spazzola ['spatsolah]
bubble bath	bagno schiuma ['banyoh skee'yoomah]

cleansing milk	latte detergente ['latteh deter'jenteh]
comb	pettine ['pettineh]
conditioner	balsamo dopo shampoo ['balsamoh 'dopoh 'shampoh]

essence	essenza [ess'entsah]
eye-lashes	ciglia ['cheelyah]
eye-pencil	matita per gli occhi [ma'teetah peyr li 'okki]
eye-shade	ombretto [om'brettoh]

face-pack	maschera di bellezza ['maskerah di bel'etsah]
face-powder	cipria ['chipreeyah]
fluid	fluido ['flooidoh]

gel	gel [jel]

hair clip	fermacapelli [feyrmaka'pelli]
hair spray	lacca ['lakkah]
hair-band	fascia per capelli ['fashah peyr ka'pelli]
hair-foam	schiuma per capelli [skee'yoomah peyr ka'pelli]
hairpin	forcina [for'cheenah]

205

lips	labbra [*'labbrah*]
lipstick	rossetto [*ross'ettoh*]
loofah	guanto di crine [*'gwantoh di 'kreeneh*]
lotion	crema [*'kreymah*]
after-sun lotion	crema doposole
	[*'kreymah dopo'sohleh*]
anti-cellulite cream	crema anticellulite
	[*'kreymah antichelloo'leeteh*]
anti-stretch mark	crema antismagliature
cream	[*'kreymah antismalya'tooreh*]
anti-wrinkle cream	crema antirughe
	[*'kreymah anti'roogheh*]
body lotion	crema per il corpo
	[*'kreymah peyr eel 'korpoh*]
day-cream	crema da giorno
	[*'kreymah dah 'jornoh*]
hand-lotion	crema per le mani
	[*'kreymah peyr leh 'mahni*]
moisturising lotion	crema idratante
	[*'kreymah eedra'tanteh*]
night-cream	crema da notte
	[*'kreymah dah 'notteh*]
protective lotion	crema protettiva
	[*'kreymah proteh'teevah*]
shaving cream	crema da barba
	[*'kreymah dah 'bahrbah*]
sun-tan lotion	crema abbronzante
	[*'kreymah abron'zanteh*]
lotion	lozione [*'lohtsee'yoneh*]
make-up	trucco [*'trookoh*]
mascara	mascara [*mas'kahrah*]
mirror	specchio [*'spekkyo*]
nail-clippers	forbici per unghie
	[*'forbichi peyr 'ungheeyeh*]
nail polish	smalto per unghie
	[*'zmaltoh peyr 'ungheeyeh*]
hardening	smalto rinforzante
nail-polish	[*'zmaltoh rinforts'anteh*]
nail-polish remover	levasmalto [*lehva'zmaltoh*]

perfume	profumo [*pro'foomoh*]
pumice	pietra pomice
	[*pee'yetrah 'pomicheh*]
razor-blade	lametta da barba
	[*la'mettah dah 'bahrbah*]
razor	rasoio [*raz'oyoh*]
rollers	bigodini [*bigo'deeni*]
setting lotion	fissatore [*fissa'toreh*]
shampoo	shampoo [*'shampoh*]
shaving cream	schiuma da barba
	[*skee'yoomah dah 'bahrbah*]
skin	pelle [*'pelle*]
delicate skin	pelle delicata [*'pelle deli'kahtah*]
dry skin	pelle secca [*'pelle 'sekkah*]
mixed skin	pelle mista [*'pelle 'meestah*]
oily skin	pelle grassa [*'pelle 'grassah*]
soap	saponetta [*sapo'nettah*]
sponge	spugna [*'spoonyah*]
tonic lotion	tonico [*'tonikoh*]

I'd like a very dry men's perfume	Vorrei un profumo da uomo molto secco [*vorr'eh oon pro'foomoh dah 'womoh 'moltoh 'sekkoh*]
Have you got this brand of lipstick?	Avete questa marca di rossetto? [*a'veyteh 'kwestah 'markah di ross'ettoh?*]
I'd like a nail-polish of this colour	Vorrei uno smalto di questo colore [*vorr'eh 'oonoh 'zmaltoh di 'kwestoh ko'lohreh*]
I've burned myself in the sun. Have you got a soothing after-sun lotion?	Mi sono un po' scottata. Ha una crema doposole rinfrescante? [*mi 'sohnoh oon po sko'tatah. a 'oonah 'kreymah dopo'sohleh rinfres'kanteh?*]

I'm used to this lotion. Have you got something similar?	Di solito uso questa crema; ha qualcosa di simile? [*di 'solitoh 'oozoh 'kwestah 'kreymah; a kwal'kohzah di 'simileh?*]
I'm allergic to perfume	Sono allergica al profumo [*'sohnoh all'ehrjika al pro'foomoh*]
I prefer fresh / strong / light / persistent scents / perfumes	Preferisco i profumi freschi / intensi / leggeri / persistenti [*prefer'eeskoh ee pro'foomi 'freski / in'tensi / ledg'ehri / persis'tenteh*]
My skin is very dry, what do you recommend?	La mia pelle è molto secca, cosa mi consiglia? [*lah 'meeyah 'pelle eh 'moltoh 'sekkah, 'kohzah mi kon'seeylah?*]
How much is the large-size?	Quanto costa la confezione grande? [*'kwantoh 'kostah lah konfetsee'yoneh 'grandeh?*]
I want to buy nail-klippers and card-board nail-file	Vorrei delle forbici per le unghie e una limetta di carta [*vorr'eh 'delleh 'forbichi peyr leh 'ungheeyeh eh 'oonah li'mettah di 'kahrtah*]

SUPERMARKET
Supermercato [*soopeyrmer'kato*]

FRUIT AND VEGETABLES
Frutta e verdura [*'froottah eh ver'doorah*]

apple	mela [*'meylah*]
apricot	albicocca [*albi'kokkah*]
artichoke	carciofo [*karchee'ofoh*]
asparagus	asparago [*as'pahragoh*]
aubergine	melanzana [*melants'ahnah*]

banana	banana [ba'nahnah]
basil	basilico [baz'eelikoh]
bean	fagiolo [fadgee'yoloh]
bilberry	mirtillo [meer'tilloh]
blackberry	mora ['mohrah]
carrot	carota [kar'otah]
cauliflower	cavolfiore [kavolfee'yoreh]
celery	sedano ['sehdanoh]
cherry	ciliegia [chilee'yeyjah]
cucumber	cetriolo [chetree'yoloh]
dwarf marrow	zucchina [tsukk'eenah]
fennel	finocchio [fi'nokkeeyoh]
garlic	aglio ['alyoh]
gooseberry	uva spina ['oovah 'speenah]
grape-fruit	pompelmo [pom'pelmoh]
grapes	uva ['oovah]
green bean	fagiolino [fadgeeyo'leenoh]
green pepper	peperone [pehper'oneh]
lemon	limone [li'moneh]
melon	melone [me'loneh]
mushroom	fungo ['foongoh]
onion	cipolla [chi'pollah]
orange	arancia [a'ranchah]
parsley	prezzemolo [prets'ehmoloh]
pea	pisello [pee'zelloh]
peach	pesca ['peskah]
pear	pera ['peyrah]
plum	prugna ['proonyah]
potato	patata [pa'tahtah]
radish	rapanello [rapa'nelloh]
raspberry	lampone [lam'poneh]
red-currant	ribes ['reebez]

sage	salvia ['salveeyah]
salad	insalata [insa'lahtah]
spinach	spinaci [spin'ahchi]
strawberry	fragola ['fragolah]
tomato	pomodoro [pomo'dohroh]
turnip	rapa ['rahpah]
water-melon	anguria [an'gooreeyah]

DAIRY-PRODUCTS, BREAD AND SWEETS
Latticini, pane e dolci [latti'cheeni, 'pahneh eh 'dolchi]

bread	pane ['pahneh]
rye bread	pane nero ['pahneh 'neyroh]
whole-wheat bread	pane integrale
	['pahneh integ'rahleh]
butter	burro ['boorroh]
cake	torta ['tortah]
cheese-cake	torta di ricotta ['tortah di ri'kottah]
cheese	formaggio [for'madgeeyoh]
egg /eggs	uovo/uova ['wovoh/'wovah]
milk	latte ['latteh]
pastry	pasta (dolce)
	['pastah ('dolcheh)]
roll	panino [pan'eenoh]
sweet	dolce ['dolcheh]
tart	crostata [kros'tahtah]
apple tart	crostata di mele
	[kros'tahtah di 'meyleh]
yoghurt	yogurt ['yogoort]

FISH AND SHELL-FISH
Pesci e crostacei [*'peshi eh krost'ahchey*]

cod	merluzzo [*mer'lootsoh*]
eel	anguilla [*an'gwillah*]
fish	pesce [*'pesheh*]
polyp	polipo [*'polipoh*]
salmon	salmone [*sal'moneh*]
sardines	sardine [*sar'deeneh*]
shrimp	gamberetto [*gamber'ettoh*]
sole	sogliola [*'solyolah*]
trout	trota [*'trohtah*]
tuna	tonno [*'tonnoh*]
turbot	rombo [*'romboh*]
whiting	nasello [*na'zelloh*]

MEAT AND COLD CUTS
Carne e salumi [*kahrneh eh sa'loomi*]

bacon	pancetta [*pahnch'eyttah*]
beef	carne di manzo [*'kahrneh di 'mantsoh*]
butcher	macellaio [*matchel'laiyoh*]
chicken	carne di pollo [*'kahrneh di 'polloh*]
ham	prosciutto [*prosh'ootoh*]
meat	carne [*'kahrneh*]
lamb meat	carne di agnello [*'kahrneh di an'yelloh*]
pork meat	carne di maiale [*'kahrneh di maiy'yahleh*]
rabbit meat	carne di coniglio [*'kahrneh di ko'neelyoh*]

sausage	salsiccia [*sal'seechah*]
veal	carne di vitello [*'kahrneh di vi'telloh*]

SUNDRIES
Varie [*'vahri*]

biscuits	biscotti [*bis'kotti*]
box of chocolate	cioccolatini [*chokola'teeni*]
bullions	dadi da brodo [*'dahdi dah 'brodoh*]
camomile	camomilla [*kamo'millah*]
can of tuna	tonno in scatola [*'tonnoh in 'skatolah*]
candies	caramelle [*kara'melleh*]
chocolate	cioccolata [*choko'lahtah*]
cocoa	cacao [*ka'kaow*]
coffee	caffè [*kaff'eh*]
cracker	cracker [*'krakker*]
flour	farina [*fa'reenah*]
frozen food	surgelati [*soorje'lahti*]
honey	miele [*mee'yeleh*]
jam	marmellata [*marmell'ahtah*]
marmalade	marmellata d'arance [*marmell'ahtah da'rancheh*]
mustard	senape [*'senapeh*]
oil	olio [*'ohleeyoh*]
olive oil	olio d'oliva [*'ohleeyoh do'leevah*]
seed oil	olio di semi [*'ohleeyoh di 'seymi*]
pasta	pasta [*'pastah*]
pepper	pepe [*'pehpeh*]
pickles	sottaceti [*sotta'chehti*]
rice	riso [*'reezoh*]

salt	sale [*'sahleh*]
sauce	salsa [*'salsah*]
spices	spezie [*'spetzeeyeh*]
sugar	zucchero [*'tsukkeroh*]
tea	tè [*teh*]
tomato sauce	salsa di pomodoro
	[*'salsah di pomo'dohroh*]
vinegar	aceto [*a'chehtoh*]

DETERGENTS AND CLEANSERS
Detersivi e affini [*deter'seevi eh a'feeni*]

alcohol	alcol [*'alkol*]
ammonia	ammoniaca [*ammo'neeyakah*]
bleach	candeggina [*kandeg'eenah*]
bubble bath	bagnoschiuma [*'banyoh skee'yoomah*]
cotton wool	cotone idrofilo [*ko'toneh ee'drofiloh*]
detergent	detersivo [*deter'seevoh*]
dishwashing detergent	detersivo per i piatti [*deter'seevoh peyr ee pee'yatti*]
floor detergent	detersivo per i pavimenti [*deter'seevoh peyr ee pavi'menti*]
glass detergent	detersivo per i vetri [*deter'seevoh peyr ee 'veytri*]
hand-washing detergent	detersivo per il bucato a mano [*deter'seevoh peyr eel boo'kahtoh a 'mahnoh*]
liquid detergent	detersivo liquido [*deter'seevoh 'likwidoh*]
powder detergent	detersivo in polvere [*deter'seevoh in 'polvereh*]
distilled water	acqua distillata [*'akwah distill'ahtah*]
nappies	pannolini per bambini [*panno'leeni peyr bam'beeni*]

razor-blades	lamette da barba
	[*la'metteh dah 'bahrbah*]
remover	solvente [*sol'venteh*]
sanitary towels	assorbenti igienici
	[*assor'benti ee'jehnichi*]
shampoo	shampoo [*'shampoh*]
shaving cream	crema da barba
	[*'kreymah dah 'bahrbah*]
shoe-polish	lucido per scarpe
	[*'loochidoh peyr 'skarpeh*]
soap	sapone [*sa'poneh*]
sponge	spugna [*'spoonyah*]
stain-remover	smacchiatore [*smakkya'toreh*]
toilet paper	carta igienica
	[*'kahrtah ee'jehnika*]
tooth-brush	spazzolino da denti
	[*spatso'leenoh dah 'denti*]
toothpaste	dentifricio [*denti'fricheeyoh*]
washing soap	sapone da bucato
	[*sa'poneh dah boo'kahtoh*]

BEVERAGES
Bevande [*be'vandeh*]

ale	birra chiara [*'birrah kee'yarah*]
beer	birra [*'birrah*]
brandy	grappa [*'grappah*]
champagne	champagne [*sham'pany*]
double-malt beer	birra doppio malto
	[*'birrah 'doppyoh 'maltoh*]
fruit juice	succo di frutta [*'sookoh di 'froottah*]
liquor	liquore [*li'kworeh*]

214

mineral water	acqua minerale [*'akwah miner'ahleh*]
orange squash	succo d'arancia [*'sookkoh da'ranchah*]
orangeade	aranciata [*aran'chahtah*]
porter	birra rossa [*'birrah 'rossah*]
spirits	superalcolici [*sooperal'kolichi*]
stout	birra scura [*'birrah 'skoorah*]
syrup	sciroppo [*shir'oppoh*]
whiskey	whiskey [*'oo'eeskeeh*]
wine	vino [*'veenoh*]
dry wine	vino secco [*'veenoh 'sekkoh*]
red wine	vino rosso [*'veenoh 'rossoh*]
sparkling wine	spumante [*spoo'manteh*]
sweet wine	vino dolce [*'veenoh 'dolcheh*]
white wine	vino bianco [*'veenoh bee'yankoh*]

Is there a fruit and vegetables department?
C'è il reparto frutta e verdura? [*chey eel re'partoh 'froottah eh ver'doorah?*]

Is it a self-service?
Ci si serve da soli? [*chi si 'serveh dah 'sohli?*]

Where are the beverages, please?
Dove sono le bevande, per favore? [*'doveh 'sohnoh leh be'vandeh, peyr fa'voreh?*]

I'd like a pack of bottled water
Vorrei una cassa di acqua minerale [*vorr'ey 'oonah 'kassah di 'akwah miner'ahleh*]

Have you got fresh bread / milk?
C'è pane fresco / latte fresco? [*chey 'pahneh 'freskoh / 'latteh ' freskoh?*]

I need these ingredients
Mi servono questi ingredienti [*mi 'servonoh 'kwesti ingredi'entih*]

Where is the pastry department?	Dov'è il reparto dolci? [dov'eh eel re'partoh 'dolchi?]
Where can I find baby's food?	Dove sono i cibi per neonati? ['doveh 'sohnoh ee 'cheebi peyr neyo'nahti?]
I'm looking for the frozen-food department	Cerco il reparto surgelati ['cherko eel re'parto soorje'lahti]
Can I pay with a credit-card?	Posso pagare con questa carta di credito? ['possoh pa'gahreh kon 'kwestah 'kahrtah di 'kreditoh?]
I need two paper bags, please	Mi dia anche due borse di carta, per favore [mi 'deeyah 'ankeh 'dooey 'borseh di 'kartah, peyr fa'voreh]

TOBACCONIST
Tabaccaio [ta'bakkaioh]

cigar	sigaro [si'garoh]
cigarette	sigaretta [siga'rettah]
cigarette holder	bocchino [bokk'eenoh]
filter cigarettes	sigarette con filtro [siga'retteh kon 'filtroh]
untipped cigarettes	sigarette senza filtro [siga'retteh 'senzah 'filtroh]
filter	filtro ['filtroh]
foreign-brand	sigarette d'importazione [siga'retteh dimportatsee'yoneh]
lighter	accendino [achen'deenoh]
matches	fiammiferi [feeyam'ifferi]

national brand	sigarette nazionali [*siga'retteh natseeyon'ahli*]
pipe	pipa [*'peepah*]

smoker
  non-smoker
	fumatore [*fooma'toreh*]
	  non fumatore [*non fooma'toreh*]

tobacco	tabacco [*ta'bakkoh*]
A pack of ..., please	Un pacchetto di ..., per favore [*oon pakk'ettoh di ..., peyr fa'vorey*]
Can you give me some change for the automatic machine?	Può cambiarmi per il distributore automatico? [*pwoh kambee'yahrmi peyr eel distriboo'tohreh owto'matiko?*]
A carton of ...	Una stecca di ... [*'oonah 'stekkah di ...*]
I would like first-quality pipe-tobacco	Vorrei del tabacco per pipa di prima qualità [*vorr'eh del ta'bakkoh peyr 'peepah di 'preemah kwali'tah*]

Ambiente [ambee'enteh]

air	aria ['ahreeyah]
alternative courses	percorsi alternativi [per'korsi alterna'teevi]
batteries	pile ['peeleh]
carbon monoxide	ossido di carbonio ['ossidoh di kar'bonyoh]
catalytic converter	marmitta catalitica [mar'mittah kata'litikah]
countryside	campagna [kam'panyah]
damage	danno ['dannoh]
environment	ambiente [ambee'enteh]
environmental protection	protezione dell'ambiente [protetsee'yoneh dellambee'enteh]
exhaust	gas di scarico [gas di 'skarikoh]
factor	fattore [fatt'oreh]
garbage	immondizia [immon'ditseeyah]
glass	vetro ['veytroh]
glass bottle	bottiglia di vetro [bott'eelyah di 'veytroh]
industrialised countries	paesi industriali [pa'eyzi industri'ahli]
lake	lago ['lahgoh]
mountain	montagna [mon'tanyah]
need	fabbisogno [fabbi'zonyoh]
nuclear reactor	reattore nucleare [reya'toreh nookley'ahreh]

ocean	oceano [o'cheyanoh]
oxygen	ossigeno [oss'ijenoh]
paper	carta ['kahrtah]
recycled paper	carta riciclata ['kahrtah richi'klahtah]
plastic	plastica ['plastikah]
plastic bag	sacchetto di plastica [sakk'ettoh di 'plastikah]
plastic bottle	bottiglia di plastica [bott'eelyah di 'plastikah]
pollution	inquinamento [inkwina'mentoh]
quality of life	qualità della vita [kwali'tah 'dellah 'veetah]
river	fiume [fee'yoomeh]
scraps	rottami [rott'ahmi]
sea	mare ['mahreh]
shopping bag	borsa della spesa ['borsah 'dellah 'speyzeh]
substance	materiale [mateyri'ahleh]
polluting substance	materiale inquinante [mateyri'ahleh inkwin'anteh]
toxic substance	materiale tossico [mateyri'ahleh 'tossikoh]
survey	indagine [in'dajineh]
to throw away	gettare via [jeh'tahreh 'veeyha]
town	città [chi'tah]
waste	rifiuti [ri'feeyooti]
water purification plant	depuratore [depoora'toreh]
Children are the most affected by air pollution	I bambini sono i più danneggiati dall'inquinamento dell'aria [ee bam'beeni 'sohnoh ee pew danneh'jahti dal inkwina'mentoh dell'ahreeyah]

219

Each one of us must do his/her own part to create a more livable environment

Ognuno deve fare la sua parte per rendere l'ambiente più vivibile
[*on'yoonoh 'deyveh 'fahreh lah sooah 'parteh peyr 'rendereh lambee'enteh pew viv'eebileh*]

Recycling raw materials is important if we want to save the Earth

Il riciclaggio delle materie prime è importante per salvare la Terra
[*eel richi'kladgeeyoh 'delleh ma'tehreeyeh 'preemeh eh impor'tanteh peyr sal'vahreh lah 'terrah*]

Cycling paths are a sign of culture

Le piste ciclabili sono indice di civiltà
[*leh 'peesteh chi'klahbili 'sohnoh 'indicheh di chivil'tah*]

I don't use plastic bags

Io non uso sacchetti di plastica
[*'eeyoh non 'oozoh sakk'etti di 'plastikah*]

Our seas are polluted

I nostri mari sono inquinati
[*ee 'nostri 'mahri 'sohnoh inkwin'ahti*]

Religione [relijee'yoneh]

alms	elemosina [ele'mozinah]
angel	angelo ['anjeloh]
archbishop	arcivescovo [archi'veskovo]
baptism	battesimo [batt'eyzimoh]
blessing	benedizione [beneditsee'yoneh]
Bible	Bibbia ['bibbyah]
bishop	vescovo ['veskovo]
cardinal	cardinale [kardin'ahleh]
cathedral	cattedrale [kateh'drahleh]
cathedral	duomo ['dwomoh]
church	chiesa [kee'yeyzah]
Catholic church	chiesa cattolica [kee'yeyzah kat'olikah]
Evangelist church	chiesa evangelica [kee'yeyzah evan'jelika]
Protestant church	chiesa protestante [kee'yeyzah protes'tanteh]
churchyard,	cimitero
cemetery	[chimi'teyroh]
communion	comunione [kommoonee'yoneh]
confession	confessione [konfessee'yoneh]
confessional	confessionale [konfession'ahleh]
confirmation	cresima ['krezimah]
cross	croce ['krocheh]
devil	diavolo [dee'ahvoloh]
funeral	funerale [fooner'ahleh]
God	Dio ['deeyoh]
heaven	paradiso [para'deezoh]
hell	inferno [in'feyrnoh]
Holy Family	Sacra Famiglia ['sakrah fa'meelyah]
Holy Orders	ordine ['ordineh]

Jesus Christ	Gesù Cristo [*'jeyzoo 'kristoh*]
Last Rites	estrema unzione [*es'tremah untsee'yoneh*]
Madonna	Madonna [*ma'donnah*]
marriage	matrimonio [*matri'monioh*]
mass	messa [*'messah*]
monsignor	monsignore [*monsin'yoreh*]
mosque	moschea [*mos'keyah*]
New Testament	Vangelo [*'vanjeloh*]
parson	parroco [*'parrokoh*]
pastor	pastore [*pas'toreh*]
pope	papa [*'papah*]
prelate	prelato [*pre'lahtoh*]
priest	prete, sacerdote [*'preyteh, sacher'doteh*]
purgatory	purgatorio [*poorga'toreeyoh*]
rabbi	rabbino [*'rabbeeno*]
religion, faith	religione [*relidgee'yoneh*]
Catholic	cattolica [*kat'olikah*]
Christian	cristiana [*kristi'ahnah*]
Greek-orthodox	greco-ortodossa [*'greko orto'dossoh*]
Muslim	musulmana [*moosul'mahnah*]
Protestant	protestante [*protes'tanteh*]
sacristan	sacrestano [*sakres'tahnoh*]
saint	santo [*'santoh*]
sermon	predica [*'preydikah*]
sinagogue	sinagoga [*sina'gogah*]
temple	tempio [*'tempeeyoh*]
vesper	vespro [*'vesproh*]
wedding	nozze [*'notseh*]
worship	culto [*'kooltoh*]

222

Is there a Catholic church here?	C'è una chiesa cattolica? [chey 'oonah kee'yeyzah kat'olikah?]
At what time are the Sunday services held?	Qual è l'orario delle messe domenicali? [kwal eh loh'rahreeyoh 'delleh 'messeh domeni'kahli?]
I would like to make confession. Is there an English-speaking priest?	Vorrei confessarmi. C'è un prete che parla inglese? [vorr'ey konfess'ahrmi. chey oon 'preyteh keh 'parlah ingleyzeh?]
I wish to speak to the parson	Vorrei parlare con il parroco [vorr'ey par'lahreh kon eel 'parrokoh]
May I take the missal?	Posso avere il messale? ['possoh a'vehreh eel mess'ahleh?]
I wish to take holy communion	Vorrei fare la Comunione [vorr'ey 'fahreh lah kommoonee'yoneh]
I would like to make a donation	Vorrei fare un'offerta alla chiesa [vorr'ey 'fahreh oonoff'eyrtah 'allah kee'yeyzah]
Is it possible to visit the church?	È possibile vistare la chiesa? [eh poss'eebileh vizi'tahreh lah kee'yeyzah?]

A QUICK ITALIAN GRAMMAR

NOTES ON PRONUNCIATION

The Italian alphabet consists of 21 letters. However other letters (in brackets) are found in many words of foreign derivation.

a	ah
b	bee
c	chee
d	dee
e	eh
f	'effeh
g	gee
h	'akkah
i	ee
(j)	ee 'lungah
(k)	'kappah
l	'elleh
m	'emmeh
n	'enneh
o	oh
p	pee
q	koo
r	'erreh
s	'esseh
t	tee
u	oo
v	voo
(w)	'doppyah voo
(x)	iks
(y)	'ipsilon
z	'zetah

The words and expressions in this grammar have been transcribed and should be read as if they were in English.

Pronunciation of vowels

a   pronounced *ah*, as in the English «father»
e   *eh*, as in the English «sell»

i	*ee*, as in «tree»
o	*oh* as in «pot»
u	*oo* as in «flute»

Pronunciation of consonants

The consonants are pronounced as in English except for:

c	pronounced *k* unless it is followed by *e* or *i* (cena, cigno) when it is pronounced *ch* as in «cheese»
g	pronounced *g* as in «goat» unless it precedes *e* or *i* when it is pronounced as in «genie» (giornale, gesto) or when it precedes *n*, like the *ny* sound in «onion» (consegna - *con' senyah*).
gli	is pronounced as if it were *l* and *yee* together (bagaglio - *ba' galyoh*)
h	this is silent (hanno - *annoh*)
q	this is always followed by *u* and should be pronounced *kw* (quando - *' kwandoh*)
r	this should always be pronounced, with a slight roll to the tongue, also when it is found in the middle of the word (accordo - *a' kohrdoh*)
s	this may be pronounced as in the English «sleep» (stagno - *' stanyoh*) or as in «noise» (mese - *' mehzeh*)
sc	followed by *i* or *e* is pronounced *sh* (scienza - *shee' entsah*) otherwise it is prounced *sk* (sconto - *skontoh*)
z	pronounced *ts* as in «mats» (zebra - *' tsehbrah*) or *dz* as in «lids» (zona - *dzonah*)

The pronunciation of the sound «eye» has been represented as *aiy*. The sounds *j* and *dg* have both been used to represent the

228

sound *j* as in «John». The letters «ow» have been used to represent the sound *ow* in «cow»; for example «auto» has been written *'owtoh*.

Word stress is marked ['] before the stressed syllable. The vowel in the stressed syllable tends to be a little longer than in the unstressed ones (eg. casa - *'kaahzah*) but this lengthened vowel has not been shown in the pronunciation guide. When the stress falls on a vowel at the end of the word, the sound of the vowel is shorter and the word is written with an accent (eg. città - *chi'tah*).

Intonation usually falls at the end of the sentence unless it is a question.

This is important to know as the interrogative form is identical to the affirmative when written.

MORPHOLOGY

NOUNS

Italian nouns are divided into genders, masculine and feminine. It is usually possible to tell the gender of a word by looking at the ending since masculine nouns tend to finish in **-o** and feminine in **-a**.

eg. *il libro* (book); *la lettera* (letter)

However many nouns end in **-e** and these may be either masculine or feminine.

eg. *il fiore* (flower); *la stazione* (station)

There are also many exceptions and words of foreign derivation which follow their own rules.

eg. *analisi* (*fem.*; analysis)

Some words may be either masculine or feminine, and the article may thus change. These are often words used to describe jobs.

eg. *il fiorista/la fiorista* (florist)

ARTICLES

Definite articles

Articles differ according to the gender of the noun they precede. The singular masculine definite article is **il**, while the singular feminine article is **la**.
eg. *il libro* (the book); *la lettera* (the letter)

The plural masculine article is **i**, while the feminine is **le**.
eg. *i libri* (the books); *le lettere* (the letters)

Masculine nouns beginning with the letter *s* plus another consonant (eg. *st*, *sc*) or the letter *z*, or *ps* are preceded by the article **lo** in the singular and **gli** in the plural.
eg. *lo sconto* (the discount); *gli stranieri* (the foreigners)

Both masculine and feminine nouns beginning with a vowel are preceded by **l'** in the singular and while the feminine article remains **le** in the plural, the masculine plural article becomes **gli**.
eg. *l'ora* (the hour); *l'albero* (the tree); *le ore* (the hours); *gli alberi* (the trees)

The definite article is used more often in Italian than in English. Where we would distinguish between «apples» and «the apples», compare «Apples are cheaper in the market» with «I sliced the apples», an Italian would use the definite article in both cases.
eg. *Le mele costano di meno al mercato*; *Tagliai le mele a fette*

Indefinite articles

Indefinite articles, meaning «a/an» but also «one» in number, also change according to the gender of the noun. The feminine article is **una**.
eg. *un libro* (a/one book), *una lettera* (a/one letter)

Feminine nouns beginning with a vowel are preceded by **un'**.
eg. *un'arancia* (a/one orange)

Masculine nouns beginning with the letter *s* plus another consonant (eg. *st*, *sc*), the letter *z* or *ps* are preceded by the indefinite article **uno**.

eg. *uno sconto* (a discount); *lo psicologo* (the psychologist)

PLURAL NOUNS

The plural is formed by removing the final *-o* or *-e* from a masculine noun and adding **i** and replacing the final *-a* of a feminine noun with **-e** or replacing the final *-e* with **-i**.

eg. *il libro/i libri* (book/books); *la lettera/le lettere* (letter/letters); *la stazione/le stazioni* (station/stations)

Nouns ending in an accented *à, ò, ù, ì* do not change in the plural.

eg. *la città/le città* (city/cities)

Similarly, nouns of foreign derivation sometimes have no change in the plural.

eg. *lo sport/gli sport* (sport/sports)

ADJECTIVES

Adjectives must agree in gender with the nouns they qualify and the rules for adding *a, e, i, o* in the singular or plural are the same as for the nouns. In the dictionary they appear in their masculine singular form, thus ending **-o** or **-e**.

eg. *la macchina nera* (the black car); *i cani neri* (black dogs); *le scarpe nere* (black shoes)

Adjectives ending in **-e** however do not change to *-a* in the feminine singular

eg. *carta verde* (green card)

Adjectives referring to colour, shape, nationality, religion, generally come after the noun, plus all those adjectives modified by an adverb.

eg. *una stanza molto grande* (a very big room)

Descriptive adjectives such as *grande* (big), *bello* (beautiful), *nuovo* (new), *vecchio* (old), *giovane* (young), usually precede

231

the noun. So the adjective *bello* (beautiful, nice), will become *bella* in *bella ragazza* (beautiful girl)

PERSONAL PRONOUNS

Subject pronouns

Io	I
Tu	you
Egli	he
Ella	she
esso/essa	it (m. + f.)
Lei	you (formal)
noi	we
voi	you (pl.)
Essi	they (m.)
Esse	they (f.)

Conjunctive pronouns

These pronouns are used in direct connection with the verb and usually precede it.

Direct object		**Indirect object**	
mi	me	*mi*	to me
ti	you	*ti*	to you
lo	him, it	*gli*	to him, to it
la	her, it, *you	*le*	to her, to it, to *you
ci	us	*ci*	to us
vi	you	*vi*	to you
li	them (m.)	*loro*	to them (m. + f.)
le	them (f.)		

eg. *Io ti amo* (I love you); *Voi mi scrivete* (you write to me)

*In Italian there are three ways of saying «You»: **tu**, **voi** and **Lei**. The «Tu form» is used for people you know well, family, friends and when talking to children. The «Voi form» is the plural form of «Tu». «Lei», conjugated with the third person singular, is used when addressing people you do not know personally, shop-keepers, etc.

When the sentence contains a direct and indirect pronoun, they are placed before the verb, with the indirect pronoun preceding the direct.

eg. *Noi te lo spediremo* (we will send it to you)

Gli and **le** become **glie** before **lo, la, li, le** and are joined to form a single word.

eg. *Ella glielo spedisce* (she sends it to him/her)

Disjunctive pronouns

me	me
te	you
lui	him, to it
lei	her, to it, to *you
noi	us
voi	you
loro	them (m. + f.)

These pronouns follow the verb and are generally used with prepositions, when there are more than one direct or indirect objects, or when special emphasis is required on the direct or indirect objects.

eg. *Ballo con te* (I dance with you)

POSSESSIVE ADJECTIVES AND PRONOUNS

The possessive adjectives and pronouns are the same in Italian. They come between the article and the noun and their gender agrees with the object possessed rather than the possessor. For example *il suo libro* may mean «his book, her book» or even «its book».

Singular noun

il mio libro (my book)   *la mia penna* (my pen)
il tuo libro (your book)   *la tua penna* (your pen)
il suo libro (his/her book)   *la sua penna* (his/her pen)

il nostro libro (our book) *la nostra penna* (our pen)
il vostro libro (your book) *la vostra penna* (your pen)
il loro libro (their book) *la loro penna* (their pen)

Plural noun

i miei libri (my books) *le mie penne* (my pens)
i tuoi libri (your books) *le tue penne* (your pens)
i suoi libri (his/her books) *le sue penne* (his/her pens)
i nostri libri (our books) *le nostre penne* (our pens)
i vostri libri (your books) *le vostre penne* (your pens)
i loro libri (their books) *le loro penne* (their pens)

DEMONSTRATIVE ADJECTIVES AND PRONOUNS

These too must agree in gender and number with the nouns they qualify. When **questo** is followed by a masculine singular noun beginning with a vowel, it drops the *o*.
eg. *quest'albero* (this tree)

questo/questa	this (m.)/ this (f.)
questi/queste	these (m.)/ these (f.)
quel/quello/quella	this (m.)/ this (f.)
quegli/quei/quelle	these (m.)/ these (f.)

The masculine singular form **quello** is only used when the masculine noun begins with a *vowel*, or with *s* + *consonant*, *z* or *ps*.
eg. *quello stagno* (that pool)

Otherwise **quel** is used:
eg. *quel ragazzo* (that boy)

Masculine plural nouns beginning with a *vowel*, or *s* + *consonant*, *z* or *ps* are preceded by **quegli**.
eg. *quegli alberi* (those trees)

Masculine plural nouns are preceded by **quei**.
eg. quei libri (those books)

VERBS

The subject pronouns are usually dropped in Italian as the verb conjugation usually indicates the speaker. In colloquial speech the 3rd person singular subject pronouns (*egli/ella*) tend to be replaced by the object pronouns *lui/lei*, and the 3rd person plural (*essi/esse*) by *loro*.
eg. *Lui viene con noi* (he's coming with us)

ESSERE (to be)

INDICATIVE

Present
io sono (*I am*)
tu sei
egli è
noi siamo
voi siete
essi sono

Imperfect
io ero (*I was*)
tu eri
egli era
noi eravamo
voi eravate
essi erano

Simple past
io fui (*I was*)
tu fosti
egli fu
noi fummo
voi foste
essi furono

Future
io sarò (*I shall be*)
tu sarai
egli sarà
noi saremo
voi sarete
essi saranno

Present perfect
io sono stato (*I have been*)
tu sei stato
egli è stato
noi siamo stati
voi siete stati
essi sono stati

Past perfect
io ero stato (*I had been*)
tu eri stato
egli era stato
noi eravamo stati
voi eravate stati
essi erano stati

CONDITIONAL

Present
io sarei (*I would be*)
tu saresti
egli sarebbe
noi saremmo
voi sareste
essi sarebbero

SUBJUNCTIVE

Present
che io sia
che tu sia
che egli sia
che noi siamo
che voi siate
che essi siano

IMPERATIVE

sii (*be*)
sia
siamo
siate
siano

Past
che io fossi
che tu fossi
che egli fosse
che noi fossimo
che voi foste
che essi fossero

GERUND

essendo (*being*)

PAST PARTICIPLE

stato (*been*)

AVERE (to have)

INDICATIVE

Present
io ho (*I have*)
tu hai
egli ha
noi abbiamo
voi avete
essi hanno

Simple past
io ebbi (*I had*)
tu avesti
egli ebbe

Imperfect
io avevo (*I had*)
tu avevi
egli aveva
noi avevamo
voi avevate
essi avevano

Future
io avrò (*I shall have*)
tu avrai
egli avrà

noi avemmo
voi aveste
essi ebbero

noi avremo
voi avrete
essi avranno

Present perfect
io ho avuto (*I have had*)
tu hai avuto
egli ha avuto
noi abbiamo avuto
voi avete avuto
essi hanno avuto

Past perfect
io avevo avuto (*I had had*)
tu avevi avuto
egli aveva avuto
noi avevamo avuto
voi avevate avuto
essi avevano avuto

CONDITIONAL

IMPERATIVE

Present
io avrei (*I would have*)
tu avresti
egli avrebbe
noi avremmo
voi avreste
essi avrebbero

abbi (*have*)
abbia
abbiamo
abbiate
abbiano

SUBJUNCTIVE

Present
che io abbia
che tu abbia
che egli abbia
che noi abbiamo
che voi abbiate
che essi abbiano

Past
che io avessi
che tu avessi
che egli avesse
che noi avessimo
che voi aveste
che essi avessero

GERUND

PAST PARTICIPLE

avendo (*having*)

avuto (*been*)

THE CONJUGATIONS

Verbs are conjugated in three different ways in Italian depending on the verb stem. The three different verb endings are: **-are**

(*amare* - love), **-ere** (*temere* - fear) and **-ire** (*dormire* - sleep).
In the present tense the verbs are formed by adding the following
letters to the stem:

sing.	**-are**	**-ere**	**-ire**
1st pers.	*-o*	*-o*	*-o*
2nd pers.	*-i*	*-i*	*-i*
3rd pers.	*-a*	*-e*	*-e*

plur.			
1st pers.	*-iamo*	*-iamo*	*-iamo*
2nd pers.	*-ate*	*-ete*	*-ite*
3rd pers.	*-ano*	*-ono*	*-ono*

amare	**temere**	**dormire**
amo (*I love*)	temo (*I fear*)	dormo (*I sleep*)
ami	temi	dormi
ama	teme	dorme
amiamo	temiamo	dormiamo
amate	temete	dormite
amano	temono	dormono

Some verbs are irregular in the present tense. For example *capire*
(to understand), adds *-isc* after the stem when conjugating the
verb in the first and second person singular and third person
singular and plural.
eg. *capisco, capisci, capisce, capiamo, capite, capiscono*

Other verbs, whose stem ends in *-g* for example, add an *-h* before
the suffixes so that the «hard» *g* sound is continued.
eg. *legare* (to tie): *lego, leghi, lega, leghiamo, legate, legano*

However *leggere* (to read) is conjugated *leggo, leggi, legge* etc.

To form the **imperfect** tense, the *-re* of the infinitive form is
dropped and the following added: **-vo, -vi, va, -vamo, -vate,
-vano**.
eg. *amavo* (I was loving); *temevo* (I was fearing); *dormivo* (I was
sleeping)

In everyday speech the **simple past** is mainly used when telling stories or referring to actions in the distant past. The present perfect tends to be preferred.

eg. *Yesterday I wrote to John* (Ieri ho scritto a Giovanni)

The simple past is formed by adding
-ai, -asti, -ò, -ammo, -aste, -arono to verbs ending *-are*.
eg. *amai, amasti, amò* etc.

-ei, -esti, -è, -emmo, -este, -erono to verbs ending *-ere*.
eg. *temei* (or temetti), *temesti, temé* etc.

-ii, -isti, -ì, -immo, -iste, -irono to verbs ending *-ire*.
eg. *dormii, dormisti, dormì* etc.

To form the **future** tense, in verbs ending *-are*, the final *-e* of the infinitive stem is dropped, and the *a* is changed to **-e** before adding the following endings: **-ò, -ai, -à, -emo, -ete, -anno**
eg. *amerò, amerai, amerà* etc.

For conjugations ending *-ere* and *-ire*, the final *-e* alone is dropped and the same endings added:
eg. *temerò, temerai, temerà* etc.; *dormirò, dormirai, dormirà* etc.

The **conditional** tense is formed by taking the future tense as base up to the *-r* (eg. *amer-, temer- dormir-*) and adding the following suffixes:
-ei, -esti, -ebbe, -emmo, -este, -ebbero

eg. *amerei* (I would love); *ameresti* (you would love) etc.
temerei (I would fear); *temeresti* (you would fear) etc.
dormirei (I would sleep); *dormiresti* (you would sleep) etc.

The **imperative** in the second person singular adds *-a* to the root of an *-are* verb, while for verbs ending in *-ere* and *-ire* the present tense ending is used.
eg. *ama!* (love!); *temi!* (fear)!; *dormi!* (sleep!)

For the first and second person plural, the present tense endings are used.
eg. *amiamo, amate,* etc.

The **present subjunctive** endings are added to the stem of the verb as follows:

che io ami	che io tema	che io dorma
che tu ami	che tu tema	che tu dorma
che egli ami	che egli tema	che egli dorma
che noi amiamo	che noi temiamo	che noi dormiamo
che voi amiate	che voi temiate	che voi dormiate
che essi amino	che essi temano	che essi dormano

In the **past subjunctive** the following endings are added to the verb stem without -*re*:
-ssi, -ssi, -sse, -ssimo, -ste, -ssero
eg. *che io amassi, che tu temessi, che egli dormisse* etc.

This tense is mainly used in subordinate clauses, preceded by «che».
eg. *Spero che egli venga* (I hope he will come)

The **gerund** is formed by adding **-ando, -endo, -endo** to the verb stem.
eg. *amando, temendo, dormendo*

The gerund is used in **present progressive** tenses, as in English, to refer to things being done at that moment and is preceded by the conjugated present tense of the verb **stare** (to be, to stay).
eg. *Cosa sta facendo? Sta comprando un gelato*
(What's he doing? He's buying an ice-cream)

The **participle**, used in compound tenses, is formed by adding **-ato, -uto, -ito** to the verb stem.
eg. *amato, temuto, dormito* etc.

Compound tenses are formed by using the appropriate conjugated form of the verb **avere** plus the participle.
eg. *Avevo visto Maria* (I had seen Mary)

However certain verbs, including reflexive verbs, are preceded by the verb **essere** instead of the verb **avere** and in this case the participle must be made to agree in number and gender with the subject of the verb.

eg. *Maria è partita alle 8* (Mary left at 8)
I gemelli sono andati al cinema (the twins went / have gone to the cinema)

The verbs which take **essere** rather than **avere** in compound tenses are mainly verbs of movement:
eg. *andare* (to go) *sono andato* (I went)
partire (to leave) *sono partito* (I left)
uscire (to go out) *sono uscito* (I went out)
scendere (to go down) *sono sceso* (I went down)
salire (to go up) *sono salito* (I went up)

REFLEXIVE VERBS

Reflexive verbs (eg. alzarsi - to get up; vestirsi - to get dressed) are preceded by the relative reflexive pronoun:

io *mi* vesto (I dress)
tu *ti* vesti
egli/ella *si* veste
noi *ci* vestiamo
voi *vi* vestite
essi *si* vestono

NEGATIVE

The negative is formed by adding **non** before the verb.
eg. *Non amo* (I don't love)
Non ho amato (I have not loved / did not love)
Non sono andato (I did not go)

INTERROGATIVE

The interrogative is expressed by a change in intonation.
eg. *Andiamo al cinema* (Let's go to the cinema)
Andiamo al cinema? (Shall we go to the cinema?)

IRREGULAR VERBS

There are many irregular verbs in Italian. A common irregularity lies in forming the simple past tense and participle from a different stem. For example, *correre* (to run) has *corsi* as the first person singular, which is then conjugated as follows:

io corsi
tu corresti
egli corse
noi corremmo
voi correste
essi corsero

The participle is *corso*.
Some of the most common irregular past tense verbs are:

infinitive	*simple past (1st sing.)*	*participle*
aprire (to open)	aprii	aperto
bere (to drink)	bevvi	bevuto
chiedere (to ask)	chiesi	chiesto
conoscere (to know)	conobbi	conosciuto
dare (to give)	diedi	dato
dire (to say)	dissi	detto
fare (to do)	feci	fatto
leggere (to read)	lessi	letto
potere (to be able to)	potei	potuto
prendere (to take)	presi	preso
sapere (to know)	seppi	saputo
scrivere (to write)	scrissi	scritto
uscire (to go out)	uscii	uscito
vedere (to see)	vidi	visto
venire (to come)	venni	venuto

PREPOSITIONS

The following is a list of the most commonly used prepositions:
a   (to)
da   (from/by)

per	(for)
in	(in/into)
con	(with)
sotto	(below)
sopra	(above)
accanto (a)	(next to)
vicino (a)	(close to)
di	(of)
dietro	(behind)
davanti	(in front)
dopo	(after)
prima	(before)

CONJUNCTIONS

e	(and)
ma	(but)
quindi	(so)
quando	(when)
mentre	(while)
dove	(where)
perché	(because/why)
se	(if)
che	(that)
come	(as)
da quando	(da quando)

INDEX

Stampato da Legoprint S.r.l., Trento